Zypern

Klaus Bötig

D1641883

MERIAN-TopTen

Höhepunkte, die Sie unbedingt sehen sollten

1 **Strände von Agía Nápa**
Einst gab es hier nur Fischerhütten, doch die Strände sind noch immer die schönsten Zyperns (→ S. 25, 35).

2 **Ausgrabungen von Khirokitía**
Schon vor 8500 Jahren siedelten hier Menschen in steinernen Rundhütten (→ S. 36).

3 **Koúrions Amphitheater**
Besonders schön gelegen zwischen Steilküste und der flachen Halbinsel Akrotíri (→ S. 45).

4 **Nationalmuseum in Nicosia**
Absolut beeindruckend sind die Funde aus den Königsgräbern von Sálamis aus dem 8. Jahrhundert v. Chr. (→ S. 52).

5 **Kirche von Asinoú**
Byzantisches Kleinod im Tróodos-Gebirge: die Panagía Phorviótissa (→ S. 57).

6 **Mosaiken von Néa Páphos**
Rund zwei Dutzend vollständig erhaltene Mosaiken aus römischer Zeit erzählen antike Mythen und Heldengeschichten (→ S. 64).

7 **Kýkko-Kloster**
In Zyperns reichstem und größtem Kloster finden Sonntagmorgens Taufen in der Klosterkirche statt (→ S. 75).

8 **Gotik in Bellapais**
Zwischen schroffen Felswänden und Mittelmeer erwartet den Besucher eine gotische Klosterruine (→ S. 80).

9 **Kyrénia und sein Hafen**
Zyperns schönste Stadt liegt im Norden der Insel (→ S. 84).

10 **Karpass-Halbinsel**
Traumhafte Strände, wilde Esel, Johannisbrothaine und stille Dörfer warten am Wegesrand (→ S. 95).

MERIAN-Tipps ⇢
finden Sie auf Seite 128

Inhalt

Erläuterung der Symbole

Für Familien mit Kindern besonders geeignet

Diese Unterkünfte haben behindertengerechte Zimmer

CREDIT *Alle Kreditkarten werden akzeptiert*

Keine Kreditkarten werden akzeptiert

Die Preise gelten für eine Übernachtung während der Hauptsaison im Doppelzimmer für zwei Personen mit Frühstück:

●●●●	*ab 200 €*	●●	*ab 90 €*
●●●	*ab 140 €*	●	*ab 35 €*

Die Preise gelten für eine Hauptmahlzeit mit Salat und 1/2 Flasche Wein:

●●●●	*ab 35 €*	●●	*ab 28 €*
●●●	*ab 25 €*	●	*ab 12 €*

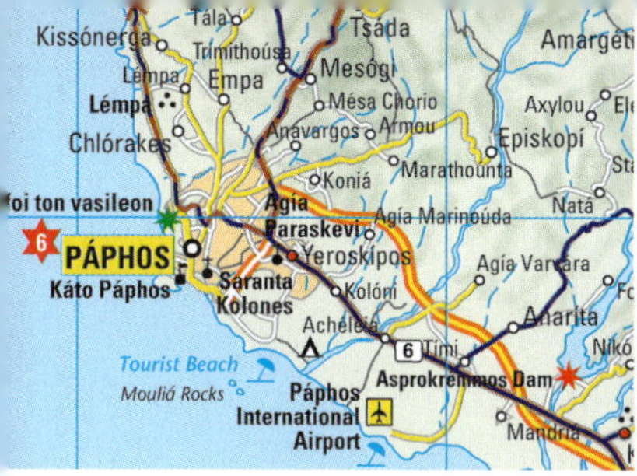

Karten und Pläne

Die Buchstaben-Zahlen-Kombinationen im Text verweisen auf die Planquadrate der Karten, z. B.

→ S. 119, F 16 Kartenatlas
→ S. 33, b 2 Detailkarte innen
→ Umschlagkarte hinten, c 2

Mit Straßenkarte

Zypern stellt sich vor

Vielleicht die spektakulärste archäologische Stätte Zyperns: das antike Amphitheater von Koúrion (→ S. 45) hoch über der Küstenebene.

Zypern hat viele Gesichter. Natur und Küche der Insel sind ebenso interessant wie ihre 9000-jährige Geschichte und ihre Kulturdenkmäler. Doch besonders liebenswert sind die Menschen.

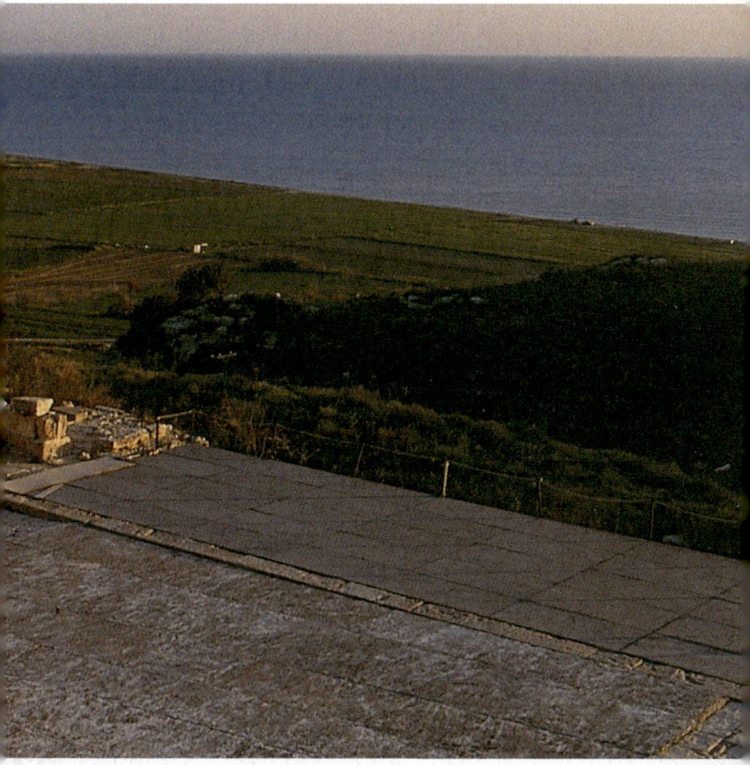

Zypern ist nach Sizilien und Sardinien die drittgrößte Insel im Mittelmeer. Geografisch gesehen gehört sie eindeutig zu Asien, politisch betrachtet jedoch muss man Zypern zu Europa zählen. Die Mehrheit der etwa 800 000 Inselbewohner bekennt sich zum orthodoxen Christentum, spricht Griechisch und ist geprägt von einer Geschichte, die im Wesentlichen von europäischen Mächten – den Kreuzrittern, Genua, Venedig und den Briten – bestimmt wurde.

Die Landschaft, der Sie auf Zypern begegnen, ist abwechslungsreich und voller Überraschungen. Man kann am selben Tag erst an langen, zum Teil noch wenig besuchten Sandstränden baden und dann in fast 2000 Metern Höhe durch die einsamen Wälder im Gebirge wandern und wohltuende Stille auf sich wirken lassen. Nur wenige Autominuten trennen duftende Zitrusplantagen von wüstenhaften Salzseen, lauschige Weingärten von ausgedehnten Heideflächen – reizvolle Kontraste.

Zyperns freundliche Bewohner

Die Lebensfreude des Südländers verbunden mit britischer Zuverlässigkeit und orientalischer Gastfreundschaft machen den Charme der Menschen auf Zypern aus. Die Verständigung ist nicht so schwierig, da viele von ihnen Englisch oder sogar Deutsch sprechen. Die Zyprer sind hilfsbereit und Fremden gegenüber aufgeschlossen, wohl auch, weil sie Verständnis und Hilfe für die Problematik ihrer Insel erhoffen.

Aus der Vogelperspektive ist die 9251 Quadratkilometer große Insel deutlich in drei Teile gegliedert. Von Mórphou im Westen bis Famagusta im Osten erstreckt sich eine breite Ebene, die **Mesaória.** In ihrer Mitte liegt die Inselhauptstadt Nicosia. Im Norden wird diese Ebene vom schmalen, aber über hundert Kilometer langen, relativ jungen **Kyrénia-Gebirge** begrenzt. Der höchste seiner zum Teil bizarr geformten Felsgipfel ist 1026 Meter hoch. Im Osten laufen diese Berge in den sanften Hügeln der lang gestreckten **Karpass-Halbinsel** aus, die wie ein Stachel zur türkisch-syrischen Grenze weist. Man bezeichnet sie oft als Stiel der Bratpfanne, mit deren Form man Zypern mit etwas Fantasie vergleichen kann. Südlich der Mesaória ragt das bis zu 951 Meter hohe **Tróodos-Gebirge** auf, das sich gen Osten in einem flachen Hügelland bis zum **Kap Gréco** fortsetzt. Dieses Gebirge mit seinen eher sanften Kuppen und weiten Wäldern ist über 80 Kilometer lang und 60 Kilometer breit und gliedert sich in eine Vielzahl von Bergketten und Tälern, die vom Tourismus noch wenig entdeckt sind.

Vor der Teilung der Insel lagen die touristischen Aktivitäten überwiegend im türkisch besetzten Norden. Allein Famagusta verfügte über nahezu die Hälfte der Hotelkapazität Zyperns. Jetzt hat sich der Fremdenverkehr an die Südküste zwischen Páphos und Agía Nápa/Protarás-Paralímni verlagert. Hier gibt es gute, moderne Hotels, hier liegen die beiden internationalen Flug- und Seehäfen der Republik Zypern. Nach dem EU-Beitritt Zyperns am 1. Mai 2004 holt nun wiederum Nord-Zypern erheblich auf. Tausende von Urbanisationen mit Ferienvillen und Apartmenthäusern sowie hochmoderne Großhotels mit Spielcasinos sind seitdem neu entstanden, Straßen wurden ausgebaut. Industrie und Handelsunternehmen konzentrieren sich aber bisher noch immer auf den Süden. Landwirtschaftliche Produkte der Insel, vor allem Weintrauben, Kartoffeln und Südfrüchte, werden verarbeitet, Textilien, Tabak und Schuhe produziert, die meist für den Export in den Nahen Osten bestimmt sind. Zugleich haben hier viele Unternehmen ihren Sitz, die früher in Beirut ansässig waren und jetzt von Zypern aus ihre Geschäfte im Nahen Osten tätigen.

Ursachen der Teilung

Wie kam es zur Teilung? Die Türken hatten 1571 die gesamte Insel erobert und die Venezianer vertrieben. Türkische Siedler kamen ins Land und ließen sich überall auf Zypern nieder. Als die Briten 1878 das Osmanische Reich dazu zwangen, ihnen die Insel zu verpachten, lebten türkische und griechische Zyprer in vielen Städten und Dörfern in einer friedlichen Gemeinschaft. Das Nebeneinander von Kirchtürmen und Minaretten zeugt davon noch heute. Die griechischen Zyprer träumten jedoch von der Énosis, der Vereinigung ihrer Insel mit Griechenland, das sich gerade vom türkischen Joch befreite und seine Inseln in der Ägäis zurückgewann. Im Zweiten Weltkrieg kämpften viele Zyprer in der britischen Armee, als Dank dafür erwarteten sie die Freiheit. Für die Briten jedoch war Zypern als »natürlicher Flugzeugträger« vor der Küste des krisengeschüttelten Nahen Ostens strategisch zu bedeutsam – so kam es 1955 zum gewaltsamen zyprischen Befreiungskampf. Getreu der so oft erfolgreichen Devise »Teile und herrsche« schürten die Briten die Angst der türkischen Zyprer vor der Énosis und setzten zahlreiche türkische Zyprer als Hilfssoldaten und Polizisten im Kampf gegen die griechischen Zyprer ein. Türkisch-zyprische Nationalisten plädierten für die Teilung – »Taksim« – der Insel in einen türkischen und einen griechischen Teil.

Als die Briten Zypern 1960 in die Unabhängigkeit entließen, war ein selbstständiger Staat entstanden, den die Zyprer eigentlich gar nicht gewollt hatten. Sie – als Betroffene – wurden gar nicht nach ihren Wünschen gefragt; an den Lausanner und Londoner Vertragsverhandlungen wa-

Die Konnos-Bucht, nördlich von Kap Gréco (→ S. 35) gelegen, ist eine beliebte Bucht für »Sonnenanbeter«. Ihre Grotten sind ein Dorado für Taucher.

ren nur Großbritannien, Griechenland und die Türkei beteiligt. Im Dezember 1963 führten die Spannungen zwischen beiden Bevölkerungsgruppen zu gewaltsamen Auseinandersetzungen. Die ersten UNO-Friedenstruppen kamen, es entstanden türkisch-zyprische Enklaven, die einen Staat im Staate bildeten. 1967 kam in Griechenland eine Militärjunta an die Macht. Die griechisch-zyprische Regierung unter **Erzbischof Makários III.** wandte sich vom Gedanken an die Énosis ab, nicht aber die Extremisten. Auf Initiative der griechischen Militärdiktatoren inszenierten sie im Juli 1974 einen Putsch gegen Makários III., der zur Vereinigung mit Griechenland führen sollte.

Dies war die Gelegenheit für die Türkei, einen verschwommen formulierten Paragrafen, der die drei Garantiemächte zum Schutz der Unabhängigkeit Zyperns verpflichtete, für sich zu nutzen. Während sich die Briten ihrer Verantwortung entzogen, landeten türkische Truppen an der Nordküste und besetzten innerhalb von vier Wochen über ein Drittel des Landes. Sie haben die Insel bis heute nicht verlassen. Vielmehr entsandte die türkische Regierung zusätzlich eine große Zahl anatolischer Siedler nach Zypern – Schätzungen sprechen von bis zu 80 000 Menschen – und gab ihnen sogleich volles Wahlrecht. Dadurch wurde das Recht der türkischen Zyprer auf Selbstbestimmung stark eingeschränkt; Lösungen für eine Wiedervereinigung der Insel rückten in weite Ferne.

Die Republik Zypern hat die Folgen der türkischen Invasion wirtschaftlich gut überwunden. Zunächst galt es, über 150 000 Flüchtlingen aus dem Norden eine neue Heimat zu geben (der Norden nahm 45 000 Flüchtlinge aus dem Süden auf). Nach dem Verlust des Inselhafens in Famagusta wurden im Süden Limassol und Lárnaca als Hafenstädte ausgebaut. Der nunmehr in der von den Vereinten Nationen verwalteten Pufferzone gelegene internationale Flughafen von Nicosia wurde durch einen Neubau bei Lárnaca ersetzt. Der Tourismus hatte sich bis 1974 vor allem auf Famagusta und Kyrénia konzentriert.

Das überraschende Wirtschaftswunder

Um ihn zu erhalten, mussten im südlichen Teil der Insel Unterkunftsmöglichkeiten geschaffen werden. Das löste einen Bauboom aus, setzte internationale Hilfe in Gang und leitete durch Finanzmittel, die wegen der Krise im Libanon nach Zypern gelangten, einen wirtschaftlichen Aufschwung ein.

Viele ausländische Unternehmen verlegten ihren Firmensitz nach Zypern, das von ihnen nur einen äußerst bescheidenen Steuersatz verlangte. Zudem flaggten auch viele ausländische Reedereien ihre Schiffe ins steuergünstige Zypern aus.

Auch der Tourismus trug viel zum wirtschaftlichen Wiederaufstieg bei. Man setzte nicht nur auf Masse, sondern von Anfang an auch auf Klasse. Zahlreiche Luxus-Hotels wurden gebaut, Marinas und Golfplätze angelegt. Man räumte jedem Ausländer das Recht ein, ein Haus samt Grundstück auf Zypern zur Eigennutzung zu kaufen, und lockte damit insbesonders viele Briten und Araber an.

Mit der Auflösung der sozialistischen Staatenwelt nach 1990 strömte besonders viel Auslandskapital ins Land. Da Zypern damals noch nicht der EU angehörte, waren die »Geldwäschegesetze« hier weit weniger streng als in Europa. Viele wohlhabende Osteuropäer nutzten die Gelegenheit, ihr Geld hier sauber zu waschen, indem sie zyprische Firmen gründeten. Die investierten das Geld dann sogleich wieder in den Heimatländern der Investoren.

Das nord-zyprische Bergdorf Bellapais (→ S. 80) mit seiner Klosterruine aus dem 12. Jahrhundert wurde durch den Roman »Bittere Limonen« von Lawrence Durrell berühmt.

Neue Perspektiven

Seit dem 1. Mai 2004 ist Zypern nun Vollmitglied in der EU und muss sich an deren Regeln halten. Eigentlich hätte ganz Zypern EU-Mitglied werden sollen. Doch dazu musste es zuvor zu einer Wiedervereinigung in irgendeiner Form kommen. Die Zyprer konnten sich untereinander nicht einigen. Deswegen arbeitete UN-Generalsekretär Kofi Annan einen nach ihm benannten Plan aus, über den im April 2004 Nord- und Süd-Zyprer getrennt abstimmten. Eine Mehrheit der türkischen Zyprer votierte mit Ja, die Süd-Zyprer jedoch mit einer Zweidrittelmehrheit mit Nein. Sie kritisierten vor allem, dass der Annan-Plan noch eine lange Präsenz türkischer Truppen auf der Insel vorsehe, dass er mit keinem Wort auf die Anwesenheit des britischen Militärs auf Zypern einginge und dass er die US-amerikanische Präsenz in Nord-Zypern mit keinem Wort anspreche. Sie erkannten, dass Zypern durch diesen Plan keine volle Souveranität gewährleistet wurde.

Daraufhin wurde offiziell nur Süd-Zypern Mitglied der EU. Die EU setzte jedoch die Reisefreiheit für alle ihre Bürger in ganz Zypern durch. Sie unterstützt auch zahlreiche Maßnahmen zur praktischen Eingliederung Nord-Zyperns juristisch und finanziell.

Der griechisch-zypriotische Präsident Tássos Papadópoulos verhinderte seit 2004 jede Annäherung zwischen den beiden Inselteilen. Das führte zu einem Stimmungsumschwung in der Bevölkerung. Bei Neuwahlen im Februar 2008 siegte der Kandidat der kommunistischen Partei AKEL, Dímitris Christófias, der neue Wege zur Erlangung der Wiedervereinigung versprach. Ein erster Schritt war die Öffnung eines Grenzübergangs für Fußgänger mitten in der Altstadt Nicosias auf der Hauptgeschäftsstraße Ledra Street am 3. April 2008.

Gewusst wo ...

An Zyperns Südküste liegen die am besten erschlossenen Badestrände der Insel. Mit ihrem türkisblauen Wasser und dem weißen Sandstrand erinnert die Níssi Bay (→ S. 25) an einen Traumstrand in der Karibik.

Zypern ist ein gast- und familienfreundliches Reiseland. Die Hotels haben ein hohes Niveau, Tavernen gibt es überall. Shopping ist eher Neben-, Kultur und Entspannung Hauptsache.

Übernachten

Für jeden Geschmack und für jeden Geldbeutel bietet die Mittelmeerinsel das geeignete Ruhebett.

So schön fühlt sich Luxus an! Nicht nur die Lobby des Fünf-Sterne-Hotels Anassa bei Pólis (→ MERIAN-Tipp, S. 13) ist großzügig und elegant; auch die Zimmer, Serviceeinrichtungen und der Wellness-Bereich sorgen rundherum für einen Verwöhnurlaub.

Zyperns Hotels auf beiden Seiten bieten einen hohen Standard. Die Top-Hotels brauchen keinen Vergleich mit Spitzenhäusern in anderen Mittelmeerländern zu scheuen. Vor allem sind die Hotels fast alle recht neu. Sie werden bestens gepflegt und in Stand gehalten. Fast alle größeren Häuser bieten Swimmingpools, Hotels der Luxusklasse immer auch ein Hallenbad. Tennisplätze sind in den meisten besseren Hotels selbstverständlich.

Privatunterkünfte und Apartments

Privatunterkünfte auf dem Lande gibt es kaum. Außerhalb der Städte findet man in vielen Dörfern des Tróodos-Gebirges Hotels und Pensionen, die inmitten der schönsten Wandergebiete liegen. Wer einen reinen Badeurlaub plant, sollte nach Agía Nápa, Protarás oder Famagusta gehen. Spartipp: Hotel-Apartments sind preiswerter und größer als Hotelzimmer und haben eine Kochgelegenheit – ideal für Familien mit Kindern!

Campingplätze gibt es am Governor's Beach, in Yeróskipos und nahe der Coral Bay bei Páphos sowie in Pólis und im Tróodos-Gebirge nahe der Ortschaft Tróodos; Jugendherbergen in Nicosia, Lárnaca, Páphos, im Ort Tróodos und in Stavrós tis Psókas.

Hotels und andere Unterkünfte finden Sie bei den einzelnen Orten im Kapitel »Unterwegs auf Zypern«.

Übernachtungspreise

In beiden Inselteilen müssen alle Beherbungsbetriebe ihre maximal zulässigen Zimmerpreise behördlich genehmigen lassen. Sie dürfen sie jedoch jederzeit unterschreiten. In der Wintersaison zwischen Mitte November und Mitte März wird außerhalb der Weihnachtsferien meist ein Rabatt von 20 bis über 50 Prozent gewährt. Kinder bis zu zwölf Jahren erhalten bei Unterbringung im Zimmer der Eltern in der Regel eine Ermäßigung von 50 Prozent. Bei Benutzung eines Doppelzimmers als Einzelzimmer werden 20 Prozent Ermäßigung zugestanden.

In beiden Inselteilen Zyperns erscheint alljährlich ein aktuelles Hotelverzeichnis mit den jeweils gültigen Preisen. Es ist von den Fremdenverkehrszentralen (→ S. 105) in Deutschland und in den Touristen-Informationen vor Ort kostenlos erhältlich. Das Verzeichnis informiert darüber hinaus auch über Hotels und andere Unterkünfte mit behindertengerechten Einrichtungen, über Campingplätze, Reisebüros und Autovermietungen. Eine besondere Kategorie bilden darin die Traditional Houses, Hotels und Pensionen unterschiedlicher Kategorien in alten, traditionellen Gebäuden mit besonders viel einheimischem Flair.

MERIAN-Tipp

1 Hotel Anassa bei Pólis

Zyperns modernstes Luxushotel liegt direkt an der Nordküste zwischen der Kleinstadt Pólis und der unbewohnten Halbinsel Akámas in einer der lieblichsten Landschaften der Insel. In einem 8,5 ha großen Garten ist es im Stil eines griechischen Dorfes mit höchstens dreigeschossigen Gebäuden, weiß gekalkten Mauern, Lehmziegel-Dächern sowie Holztüren und -fensterläden erbaut. Die größten Suiten sind 122 qm groß, elf besitzen einen privaten Pool.

Néo Chorió/Pórto Latchí;
Tel. 26 32 28 00, Fax 26 32 29 00;
www.anassa.com.cy; 176 Zimmer und Suiten ●●●● CREDIT → S. 112, B 2

Essen und Trinken

Beim Mezé-Essen lernen Sie Zyperns schmackhafte und variantenreiche Küche am besten kennen.

Ein stimmungsvoller Ort für eine Mittagspause: der Hafen von Pórto Latchí (→ S. 25).

Fruchtbares Zypern

Zyperns Küche ist sehr abwechslungsreich und von verschiedenen fremden Einflüssen geprägt. Griechische, türkische und nahöstliche Traditionen verschmelzen mit englischen Elementen; Grundlage sind aber immer die Naturprodukte der Insel. Bäuerliche Lebensweisen haben sich – zum Glück – bei Speis und Trank auch noch in den Städten erhalten. Vieles wird vom Wegesrand gesammelt, um es anschließend in der Küche zu verwenden. Schnecken, Kapern und Kapernzweige zum Beispiel, aber auch Minze und Thymian. Obst und Nüsse werden in Öl und Honig eingelegt, um sie zu konservieren, und ergeben so eine köstliche Süßspeise, die sich auch ausgezeichnet als kulinarisches Mitbringsel eignet.

Holzkohle ist für jeden Zyprer ein Symbol für Festtage, Freizeit und gutes Essen. Sie wird in den Gebirgsregionen der Insel noch immer von vielen haupt- und nebenberuflichen Köhlern auf uralte Weise gewonnen. Gebraucht wird die Holzkohle für den Holzkohlengrill, ohne den kein Zyprer auskommen kann. Da versteht es sich von selbst, dass auch in den Tavernen viele Fisch- und Fleischgerichte über dem offenen Holzkohlenfeuer gegart werden. Neben vielen Restaurants und Privathäusern, aber auch auf allen Festplätzen vor den Klöstern sieht man große, kuppelförmige Backöfen aus Lehm. In ihnen werden »kléftiko« und Kartoffeln gebacken, eines der Nationalgerichte der Insel.

Zypern muss nur wenige Lebensmittel importieren. Das meiste stammt von der Insel selbst. Die Region zwischen Lárnaca und Agía Nápa ist bekannt für ihre hervorragenden Kartoffeln. In der Mesaória, der großen Ebene zwischen dem Tróodos- und dem Kyrénia-Gebirge, wird hauptsächlich Getreide angebaut. Nüsse wachsen im Tróodos-Gebirge zuhauf: Neben Walnüssen und Haselnüssen findet man hier auch die bei uns wenig bekannten Pekan-Nüsse. Das Tróodos-Gebirge ist mit seinen Apfel- und Birnen-, Kirsch- und Pflaumenbäumen zugleich der Obstgarten Zyperns. Zitrusfrüchte werden vor allem an der Nordküste, in der Ebene von Mórphou und in der Umgebung von Limassol angebaut.

Glücklicherweise servieren die zyprischen Hoteliers ihren Gästen neben internationaler Einheitsküche auch zyprische Spezialitäten, meist in Form üppiger Buffets. So können Sie am besten die Landeskost probieren. Dem Frühstück messen die Zyprer nur wenig Bedeutung bei. In den Hotels jedoch hat man sich fast überall auf europäische Frühstücksgewohnheiten eingestellt und bietet ein Buffet an. In Cafés und Tavernen in den Urlaubsgebieten hat man sich zudem stark auf die Gewohnheiten der überwiegend britischen Gäste eingestellt und serviert den ganzen Vormittag und manchmal sogar noch länger ein gutes englisches Frühstück. In ländlichen Regionen kann man nach der typisch zyprischen Frühstückssuppe fragen, der »trachaná«. Sie wird aus Weizenschrot zubereitet und auf Wunsch mit Käsestückchen serviert.

Das Mittagessen wird meist zwischen 12.30 und 15 Uhr serviert, das Abendessen generell von 19 bis 22 Uhr. Zu jeder Hauptmahlzeit gehören in der Regel auch Schälchen mit cremigen Speisen, die unaufgefordert auf den Tisch gestellt werden: »talatoúri«, das griechische »dsadsiki«, besteht aus Joghurt mit Gurkenstückchen,

Ein Kapitel für sich: Speisekarten

Knoblauch, Zwiebeln und Olivenöl, »tachíni« ist eine Sauce aus gemahlenen Sesamsamen, Zitronensaft, Olivenöl und Knoblauch und »hoúmous« eine Sauce aus Kichererbsenbrei, Olivenöl, Knoblauch und Petersilie.

Typisches Mezé

All diese Schälchen sind auch Teil eines typisch zyprischen Mezé-Essens, das in nahezu allen Restaurants und Tavernen angeboten wird. Dabei werden je nach Lokal 15 bis 25 verschiedene Gerichte auf den Tisch gestellt. Zunächst kommen die kleinen Vorspeisen und Salat, manchmal auch gekochte Eier, rohes Gemüse, Kapernzweige oder in Öl eingelegte Linsenblätter aus der Küche. Dann folgen warme Vorspeisen wie der gegrillte Ziegenkäse »haloúmi«, das dem Kassler ähnliche gepökelte Schweinefleisch »lúntsa«, Hackfleischbällchen oder kleine Fische, die man mit Kopf und Schwanz verzehrt. Ist man fast schon satt, werden die Hauptgerichte serviert: je nach Wunsch Fleisch oder Fisch oder beides. Obst oder eine Süßspeise bilden den Abschluss des üppigen Mahls, das umso mehr Vergnügen bereitet, je größer die Tischgemeinschaft ist. Am besten genießt man ein Mezé in ländlichen Regionen. Die meisten Wirte dort können es auch schnell improvisieren, indem sie ein wenig von allem auf den Tisch stellen, was die Küche frisch bereithält. Der Preis entspricht oft dem für ein normales Hauptgericht samt Vorspeise.

Die Speisekarten sind zumeist mindestens zweisprachig: in der Republik griechisch und englisch, in Nord-Zypern türkisch und englisch. Für die zyprischen Spezialitäten gibt es in der Regel keine Übersetzungen. In Hotels mit vielen deutschen Gästen gibt es oft eine deutschsprachige Version. In Tavernen in den Dörfern zeigen die Wirtsleute gern ihr Angebot in Kühlschrank und Kochtopf. Fragen Sie aber auf jeden Fall nach dem Preis. Die Preise auf den Speisekarten verstehen sich meist zusätzlich zehn Prozent Bedienung und acht Prozent Steuern. Die Rechnung enthält diese Aufschläge; ein Trinkgeld in Höhe von etwa zehn Prozent ist dennoch üblich.

Restaurant in Agía Nápa (→ S. 35): Inzwischen ist die griechische Küche für viele Urlauber ein Argument mehr für die Reiseentscheidung.

Zyperns Getränkevielfalt

Beliebt als **Aperitif** sind die auf der Insel selbst produzierten Sherrys, der Likörwein Commandaria und das Mixgetränk Brandy Sour, gemischt aus zyprischem Brandy, Zitronensirup, Soda und Angostura. Auch Gin and Tonic wird gern getrunken. **Bier** wird in der KEO-Brauerei in Limassol und der Carlsberg-Brauerei bei Nicosia gebraut. **Wein** wächst im Hinterland von Limassol und Páphos ebenso wie auf den über 1000 m hohen Weinbergen im Tróodos-Gebirge. Wein und Weintrauben sind inzwischen wieder der wichtigste landwirtschaftliche Devisenbringer des griechisch-zyprischen Inselteils. Die Weinbauern sind größtenteils in Kooperativen organisiert, wie in der SODAP in Páphos und Limassol oder in den beiden großen privaten Kellereien KEO und LOEL in Limassol. In letzter Zeit entstehen aber auch immer mehr kleine Weinkellereien auf dem Lande (z. B. Ómodos, Panagiá). **Weißweine:** Palamino (sehr trocken), Aphrodite, Arsinoe, Ayios Andronicos (trocken), Blonde Lady, Santa Marina, St. Hilarion, Thisve (lieblich). **Roséweine:** Amorosa, Cœur de Lion, Rosella, Sodap Rose (trocken), Hirondelle Rose (halbtrocken), Pink Lady (lieblich). **Rotweine:** Hermes, Negro, Othello (trocken), Afames, Semeli (halbtrocken). **Schaumweine:** Duc de Nicosie (halbtrocken). Zu den **Spirituosen** gehören der einheimische Brandy (beste Marke: Five Kings) sowie zyprischer Oúzo, Gin und Wodka. **Likör** wird auf Zypern selten getrunken; am bekanntesten ist der Orangenlikör Filfar.

In Nord-Zypern werden überwiegend türkische Weine und internationale Spirituosen serviert. Besonderer Beliebtheit erfreuen sich hier das türkische Efes-Bier und der dem Oúzo sehr ähnliche Raki.

Typische Spezialitäten Zyperns.

Heißgetränke sind Tee (mit Teebeuteln aufgegossen; in Nord-Zypern wird manchmal auch türkischer Tee in den typischen kleinen Gläsern serviert) und Kaffee. Für Touristen werden auch der Filterkaffee Rambout und Nescafé angeboten. Die Einheimischen bevorzugen eine Art Mokka, bei dem das Wasser zusammen mit dem Kaffeepulver und Zucker zum Aufwallen gebracht wird und bei dem der Kaffeesatz in der Tasse bleibt. In der Republik bestellt man ihn als »kipriakó café«, in Nord-Zypern auch als »Turkish Coffee«. Man trinkt ihn grundsätzlich ohne Milch. Bei jungen Zyprern wird zudem der »frappé« immer beliebter, ein kalt servierter, kräftig aufgeschäumter Instant-Kaffee, den man nach Belieben auch mit Zucker und Milch bestellen kann. Man trinkt ihn jedoch meist schwarz und bestellt ihn gemäß dem gewünschten Süßegrad (→ Essdolmetscher, S. 102).

Empfehlenswerte Restaurants finden Sie bei den einzelnen Orten im Kapitel »Unterwegs auf Zypern«.

Einkaufen

Ikonen und Handarbeiten aus Spitze sind die beliebtesten inseltypischen Erzeugnisse.

Auf Zypern gibt es sie noch, die winzigen Souvenirgeschäfte, die Inseltypisches zu moderaten Preisen anbieten. Wie hier in Kakopetriá (→ S. 58) kann man vielerorts traditionelle Handarbeiten erwerben.

Einen guten Überblick über die Erzeugnisse zyprischen Kunsthandwerks und die dafür angemessenen Preise verschafft Ihnen ein Besuch in einem der Geschäfte der staatlichen Cyprus Handicraft Association. Es gibt sie in allen Städten der Republik. Die Auswahl ist in den privaten Souvenirgeschäften allerdings meist größer. Dort kann man bei größeren Einkäufen auch um den Preis feilschen – stundenlanges Handeln wie im Orient ist auf Zypern allerdings nicht üblich.

Insgesamt gesehen ist das Angebot an schönen Souvenirs in Zypern recht klein, sodass Ihre Urlaubskasse nicht zu sehr strapaziert wird – es sei denn, Sie entschließen sich zum Kauf einer handgemalten Ikone oder einer Léfkara-Spitzentischdecke. Am konzentriertesten und vielfältigsten ist die Auswahl noch im Laikí Yitoniá genannten Altstadtviertel der Inselhauptstadt Nicosia, wo Sie auch alte Münzen und Briefmarken, historische Fotos und Musikaufnahmen mit zyprischer Folklore sowie Antiquitäten und Trödelkram finden.

Die **Ikonen** können Sie in den Klöstern Ágios Minás und Ágios Geórgios Alamánnou in Auftrag geben. Die Ausfuhr alter Ikonen ist verboten und wird schwer bestraft. Bei den billigen, auf Alt getrimmten Ikonen in den Souvenirgeschäften handelt es sich in der Regel um wertlose Drucke. Teuer sind auch echte **Léfkara-Spitzen,** die nicht nur im Dorf Páno Léfkara selbst, sondern auch in vielen anderen Orten angeboten werden. Tischdecken aus Léfkara kosten mindestens hundert Euro. Die meisten billigen, blendend weißen Deckchen, die in Léfkara angeboten werden, stammen aus Ostasien! Hier gilt das Motto: Echt ist nur, was teuer ist. In Páno Léfkara stellen auch einige Silberschmiede hervorragende **Filigranarbeiten** her. Das Silber dafür wird übrigens von der Degussa aus Deutschland bezogen.

MERIAN-Tipp

2 Tama Antics in Nicosia

In der kleinen Antiquitätenhandlung in einer stillen Seitenstraße der Altstadt findet man alten Trödel und wertvolle Antiquitäten jeder Größe vom Möbelstück über Lampen und Uhren bis zu alten britischen Illustrierten aus dem Zweiten Weltkrieg.

Perikleous Street 62/Ecke Arsinoís Street 45

→ Umschlagkarte hinten, c 5

Schön sind handbestickte Decken und Tücher, für die allerdings kaum noch Naturfarben benutzt werden. Preiswerte Mitbringsel sind **Korbwaren,** die Sie am besten in den Markthallen von Nicosia und Limassol kaufen. Größere Töpfereien gibt es bei Páphos und Kyrénia.

Wenn Sie typische **Lebensmittel** kaufen möchten, dann machen Sie am besten einen Streifzug durch die Märkte. Wie wäre es mit Gewürzen, Feta oder Oliven? »Loukoúmia«, spezielle Geleefrüchte, kaufen Sie am besten in den Herstellungsorten Yeroskípos und Páno Léfkara.

Für den Übergang zwischen Nord-Zypern und der Republik Zypern gelten Zollvorschriften. Sie werden sich voraussichtlich im Laufe des Jahres 2008 ändern. Falls Sie vorhaben, im Norden größere Einkäufe zu tätigen, erkundigen Sie sich auf griechischer Seite danach. Wichtig: Aus dem Norden dürfen nur zwei Schachteln Zigaretten pro Person in den Süden mitgebracht werden.

Alle Geschäfte und Markthallen sind Mo bis Sa von 8 bis 13 und Mo, Di, Do, Fr von 16 bis 19 Uhr im Sommer (sonst 14.30 bis 17.30 Uhr) geöffnet. Souvenirläden müssen sich nicht an Öffnungszeiten halten.

Empfehlenswerte Geschäfte finden Sie bei den einzelnen Orten im Kapitel »Unterwegs auf Zypern«.

Feste und Events

Traditionelle Feste wie Ostern und viele Kulturfestivals sorgen auf Zypern ständig für Unterhaltung.

Sehenswertes Spektakel: Am 25. März, dem griechischen Nationalfeiertag, werden in Páphos und den anderen Inselstädten aufwendige Paraden zelebriert.

Kirchliche Feiertage sind auf Zypern von größter Bedeutung. Während Weihnachten jedoch kaum eine Rolle spielt, wird Ostern – der wichtigste Feiertag der Insel – ausgiebig gefeiert. Am Morgen des **Karfreitags** schmücken Frauen am Morgen das symbolische Grab Christi mit Blumen. Am Abend wird es nach einem feierlichen **Gottesdienst**, an dem fast alle Zyprer teilnehmen, gegen 21 Uhr in feierlicher **Prozession** durch Dörfer und Städte getragen.

Am **Ostersamstag** ist alles österlich dekoriert: Im Innern der Verkehrskreisel stehen riesige bunte Ostereier, in den Hotel-Lobbys piepsen lebende Küken zwischen der fröhlichen Oster-Dekoration. Den ganzen Vormittag ist Zypern im Einkaufsrausch für das Fest des Jahres. Gegen 23 Uhr geht man dann festlich gekleidet zur Kirche. Kurz vor Mitternacht erlöschen in ihr alle Lichter bis aufs **Ewige Licht**. Um Mitternacht verkündet der Priester die erneute Auferstehung Christi mit den Worten »Christós anésti«, die Gemeinde bestätigt sie mit den Worten »Alithós anésti«. Die Gläubigen entzünden nun ihre Kerzen, dann geht man nach Hause. Dort, aber auch in vielen Hotels, wird nun die leicht säuerliche Ostersuppe »margirítsa« serviert. Dazu schlägt man rote Eier aneinander.

Am nächsten Tag wird in allen Haushalten, in vielen Tavernen und in Hotels das Osterlamm im Lehmofen gebacken oder an langen Spießen über Holzkohle gegrillt. Ist es gar, wird gefeiert.

Vor allem im Bezirk Páphos werden an den Nachmittagen beider Osterfeiertage auf den Dorfplätzen oder in Stadien auch lustige Spielchen wie Sackhüpfen, Eierlaufen und Eselsrennen veranstaltet. Am Osterdienstag bleiben die Banken und viele Geschäfte noch geschlossen, denn man muss sich ja vom Feiern erholen.

Ostersonntag 2009 am 19. April, 2010 am 4. April

Februar/März

Karneval

Am vorletzten Donnerstag vor Aschermittwoch beginnt das fröhliche Feiern, das bis zum Faschingssonntag dauert, mit dem Einzug von König Karneval in Limassol. Höhepunkt des Karnevals ist der Faschingssonntag.

Faschingssonntag 2009 am 1. März, 2010 am 14. Februar

Mai

Blumenkorso

An den Sonntagen im Mai werden in Limassol, Lárnaca, Páphos und Paralímni farbenprächtige Blumenkorsos veranstaltet.

Juni

Pfingsten

Dieses Fest wird auf Zypern als »Kataklismós« gefeiert. Es erinnert nicht wie bei uns an die Ausgießung des Heiligen Geistes, sondern an die Errettung Noahs und aller Lebewesen aus der Sintflut. Besonders eindrucksvoll wird es in Lárnaca von Freitag bis Mittwoch gefeiert.

Pfingstmontag 2009 am 8. Juni, 2010 am 24. Mai

Shakespeare-Theater

An drei Tagen wird ein Shakespeare-Stück im antiken Theater von Koúrion aufgeführt.

Mitte Juni

Juli/August

Theaterfestival

Aufführungen im antiken Theater von Koúrion, im Odeon von Páphos, am Kloster von Agía Nápa, im Fort von Lárnaca und im Freilichttheater von Paralímni.

Ende Juli/Anfang August

August/September

Weinfestival

Wein vom Fass, so viel man will und verträgt, dazu Musik und Folklore. In Limassol.

Ende August/Anfang September

Sport und Strände

Zypern ist eine ideale Insel für sportliche Urlauber. Dabei spielt nicht nur der Wassersport eine Rolle.

Inzwischen haben Golfer auf Zypern vier 18-Loch-Plätze zur Auswahl – hier die Anlage Secret Valley (→ S. 24) östlich von Páphos.

Der überwiegende Teil der Strände in der Republik Zypern ist für Badegäste nahezu optimal erschlossen. Liegestühle und Sonnenschirme werden beinahe überall vermietet, Tavernen findet man entlang der gesamten Küste. Wirklich einsame Flecken sind daher selten geworden. Um sie zu finden, muss man weit laufen oder mit dem Auto unterwegs sein. Manche dieser Buchten erreicht man am besten mit dem Boot.

Im Tróodos-Gebirge ist es dagegen umgekehrt. Dort gibt es nur wenige, zumeist kleinere Hotels und nur selten organisierte Sportmöglichkeiten. Dafür dürfte hier das Herz derjenigen Urlauber höher schlagen, die besonders Ruhe und Einsamkeit in der Natur suchen.

Wer im Urlaub gerne als Zuschauer an sportlichen Veranstaltungen teilnimmt, sollte auf alle Fälle zu einem Spiel der zyprischen Fußball-Bundesliga gehen. Deren Teams bestehen nämlich aus Halbprofis, ergänzt durch einige ausländische Stars, die zumeist aus den Staaten des ehemaligen Ostblocks kommen. Länderspiele finden in der Regel im Stadion von Limassol statt.

Ein beliebter Zuschauersport in Nicosia ist auch das Pferderennen. Rennen werden im Winterhalbjahr immer mittwochs, samstags oder sonntags, im Sommer mittwochs und freitags oder samstags auf der Bahn des Nicosia Race Club ausgetragen (www.nicosiaraceclub.com.cy).

In Nord-Zypern gibt es noch weitaus mehr unverbaute Strände als im Süden. Allerdings ist deren »touristische Erschließung« vielerorts bereits im Gange. Besonders gut besucht sind bisher nur die Strände in den kleinen Buchten zu beiden Seiten von Kyrénia, während man am langen Sandstrand von Sálamis noch viel Freiraum findet. Vollkommen unberührt sind bislang noch die meisten der traumhaft schönen Strände auf der Karpass-Halbinsel. Das Kyrénia-Gebirge selbst bietet keinen Platz für Dörfer und Hotels. Mit Panorama-Blick kann man jedoch in einigen Dörfern am Südhang des Gebirges hoch über der Küstenebene Quartier beziehen, so in Karmi (tk.: Karaman) und Bellapaís (tk.: Beylerbeli).

Angeln

Angeln kann man in Stauseen; über die örtlichen Vorschriften informieren die Hotels. Touren für Hochseeangler bieten mehrere Skipper in den Häfen von Páphos und Agía Nápa an; aktuelle Auskünfte direkt am Boot.

Bergwandern

Vor allem im Tróodos-Gebirge und auf der Akamás-Halbinsel gibt es zahlreiche gut markierte, als »Nature Trails« bezeichnete Wanderwege, die aber nur zum Teil als Rundkurse angelegt sind. Das größte Problem für Bergwanderer, die Tagestouren unternehmen wollen, besteht daher im Transport zum Ausgangspunkt der Wanderung bzw. vom Endpunkt zurück ins Hotel. Es gibt nur teure Taxis oder die Hoffnung, als Anhalter mitgenommen zu werden.

Schöne Bergwanderungen sind auch im Kyrénia-Gebirge möglich. Man muss dort aber darauf Acht geben, nicht in eines der vielen militärischen Sperrgebiete zu geraten.

Biking

Mit seinen vielen Feld- und Forstwegen ist ganz Zypern ein ideales Revier für Mountainbiker. Als Ausgangsort eignet sich besonders gut Pólis. Ein ausgezeichneter Radwanderführer mit dem Titel »Cycling Routes« ist bei der Fremdenverkehrszentrale der Republik Zypern kostenlos erhältlich.

Fliegen

Sportflieger können eine Cessna, Piper oder Socata mieten bei:

Griffon Aviation, Páphos International Airport; Tel. 26 42 23 50, Fax 26 42 23 60; www.griffonaviation.com

Golf
Für Freunde des Golfsports gibt es fünf schön in die Landschaft eingebettete 18-Loch-Plätze mit modernen Clubhäusern: den Tsáda Golf Club bei Páphos, den Aphrodite Hills und den Secret Valley Golf Club zwischen Páphos und Limassol, den Víkla Golf Club bei Limassol und den Korineum Golf Club in Nord-Zypern.

Paragliding
Gelegenheit zum Tandem-Paragliding hat man im Kyrénia-Gebirge, das dafür ideale Bedingungen bietet. Man wird vom Hotel abgeholt, zum Startpunkt in die Berge gebracht und vom Landeplatz an der Küste wieder zum Hotel zurückgefahren.
Highline Air Tours, Old Harbour, Kyrénia/Girne; Tel. 05 42/8 55 56 72; www.highlineparagliding.com

Reiten
Gute Reitställe gibt es bei Pólis, Protarás und Karlóvassi.

Ski fahren
Von Januar bis März sind die Hänge des Olymp schneesicher. Dann sind vier Skilifte zwischen 150 und 500 m Länge in Betrieb. Die Skiausrüstung können Sie im zyprischen Ski Club, zwischen dem Ort Tróodos und der Auffahrt zum Olymp gelegen, ausleihen.

Tennis
Alle größeren Hotels an den Stränden, in Nicosia und im Gebirge haben Tennisplätze, die zumeist auch über Flutlicht verfügen.

Wassersport
An sämtlichen Stränden der Süd-, Nord- und Ostküste bestehen Möglichkeiten zum Windsurfen und Wasserskifahren, Fallschirmgleiten und Tretbootfahren. In Agía Nápa, Lárnaca, Limassol und Páphos sowie in Kyrénia/Girne und Bogazi/Bogaz in Nord-Zypern bieten Tauchschulen ihre Kurse an.

Einst Fischerdorf, heute Zyperns Ferienregion Nummer eins: Agía Nápa und Umgebung sind dank der einzigartigen Sandstrände ideal für Badeurlauber.

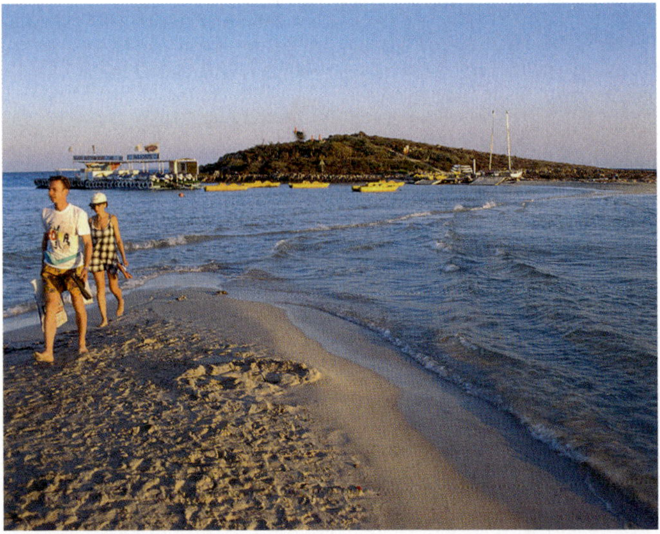

Yachting

Trotz guter Marinas ist Zypern noch kein Charterrevier wie die Ägäis. Man kann die Insel nicht umsegeln, weil die Republik Zypern keiner Jacht das Anlegen gestattet, die einen nordzyprischen Hafen angelaufen hat. Wer trotzdem eine Motor- oder Segeljacht chartern will oder Tagestouren auf einem Catamaran mitmachen möchte, findet in Limassol das dafür richtige Unternehmen:
Interyachting, P.O. Box 54292; Tel. 25 81 19 00, Fax 25 81 19 45; www.interyachting.com.cy

Strände

Agía Nápa ⇢ S. 119, E 16
Dieser Ort rühmt sich, die schönsten Sandstrände der Insel zu haben. Von besonderem Reiz ist die **Níssi Bay**, in der das Meer in den verschiedensten Farbtönen von Blau über Türkis bis Grün schimmert.

Golden Beach ⇢ S. 121, E 18
Unbestritten Zyperns schönster Strand, noch menschenleer und naturbelassen. Drei Tavernen bieten auch einfachste Unterkunft.

Governor's Beach ⇢ S. 116, C 11
Ab Limassol mit dem Bus, sonst nur mit Taxi oder Mietfahrzeug zu erreichender Strand 15 km östlich von Limassol. Er bietet kleinere Sandflächen, Tavernen, Pensionen und einen Campingplatz.

Koúrion Beach ⇢ S. 113, E 4
Der lange Grobsandstrand grenzt an eine imposante Steilküste. Es gibt zwar einige Tavernen hier, aber noch keine Hotels; zu erreichen mit dem Linienbus ab Limassol.

Lárnaca ⇢ S. 118, C 16
Ein langer Sandstrand liegt unmittelbar vor dem Stadtzentrum; kilometerlange, schnurgerade Sandstrände erstrecken sich im Osten der Stadt (Busverbindung).

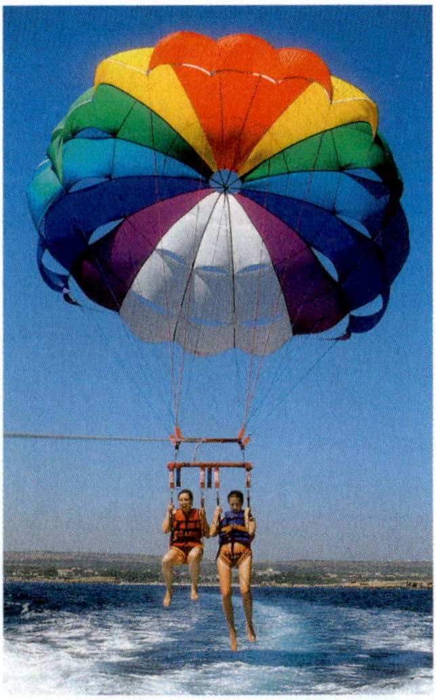

Die Möglichkeit zum Fallschirmgleiten – ob mit oder ohne Tandempartner – besteht wie hier am Níssi Beach bei Agía Nápa an vielen Stränden Zyperns.

Pissoúri Beach ⇢ S. 113, D4
Der über 2 km lange, von Steilküste und grünen Feldern umrahmte Sandstrand bietet im Osten ein luxuriöses Hotel und einige wenige Apartments, Dazu gibt es Tavernen, Wassersportmöglichkeiten und Liegestühle. Nach Westen hin wird der Strand herrlich einsam.

Pólis/Pórto Latchí ⇢ S. 112, AB 2
Unmittelbar vor dem Eukalyptuswald von Pólis erstreckt sich ein Kieselsteinstrand. Westlich von Pólis beginnen ebenfalls lange Kieselsteinstrände, die sich über Pórto Latchí hinaus fast bis zum Bad der Aphrodite erstrecken. Im Hinterland sind vereinzelte Tavernen und Hotels zu finden.

Sálamis Beach ⇢ S. 119, E 14
Der kilometerlange Sandstrand erstreckt sich unmittelbar vor antiken Ruinen.

Familientipps – Hits für Kids

Strände und Spaßbäder bieten viel Unterhaltung für die Kleinen. Doch auch das Gebirge hat seine Reize.

Badenixen fühlen sich auf der Ferieninsel in ihrem Element, haben sie doch das Meer direkt vor der Nase. Doch gibt es noch viele andere Möglichkeiten, ins köstliche Nass einzutauchen: Wasserparks, Spaßbäder, Schlauchbootfahrten …

Zypern ist zwar kein ausgesprochenes »Kinder-Reiseland«, weil es kaum spezielle Einrichtungen wie Spielplätze etc. gibt. Andererseits können Sie problemlos mit Kindern reisen, denn die hygienischen Verhältnisse sind in Ordnung, und die ärztliche Versorgung ist gut. Babynahrung und -windeln gibt es überall, nur bei der Milch müssen Sie manchmal auf H-Milch zurückgreifen, weil frische Milch nicht überall erhältlich ist.

Die Zyprer sind sehr kinderfreundlich, und es stört keinen, dass Kinder auch spätabends noch spielen und Lärm machen – eine für südliche Länder, bedingt durch die klimatischen Verhältnisse, völlig normale Einstellung. Besondere »Extras« für die Kleinen gibt es allerdings kaum. Die meisten Hotels haben neben den großen Pools auch kleine Kinderplantschbecken; Kinderspielplätze in den Städten sind selten und dürftig ausgestattet. Leider wird auch hier den parkenden Autos mehr Platz als den Kindern zur Verfügung gestellt. Kinderstühle oder -menüs in Restaurants und Hotels sind noch die Ausnahme. Richten Sie sich entsprechend darauf ein, und nehmen Sie genügend Spielsachen mit.

Mit der **Ernährung** Ihrer Kinder haben Sie keine Schwierigkeiten, wenn Sie gleich zu Urlaubsbeginn einmal Mezé essen gehen. Da können Sie schnell feststellen, welche zyprischen Spezialitäten Ihre Kleinen besonders mögen.

Einen Besuch in einem der zyprischen **Spaßbäder** werden Ihre Kinder bestimmt ganz besonders schätzen, obwohl das Meer ja überall nahe ist. Aber dort gibt es eben bis zu 150 m lange Riesenwasserrutschen, Wellenbecken und Wasserläufe für mehr oder minder sanfte Schlauchbootfahrten, verschiedene Spielgeräte und Eisbuden. Bei Agía Nápa, Limassol und Páphos gibt es weitere Wasserparks für die ganze Familie.

MERIAN-Tipp

3 Hotel Riviera bei Kyrénia/Girne

Das völlig unauffällig in die Landschaft eingefügte und sehr familiär geführte Hotel besitzt einen fantasievoll geformten Pool in einem romantischen alten Garten, der bis an den hoteleigenen Sandstrand reicht, wo die Kleinen auch im Baumschatten spielen können. In der Kitchenette können Babybrei und einfache Gerichte zubereitet werden, die kleine Katzenfütterstelle vor der Hoteltür ist der private Streichelzoo. Liegen und Sonnenschirme an Pool und Strand sind kostenlos, das Preis-Leistungs-Verhältnis ist erstklassig.

Neset Ikiz Street 15, Ágios Geórgios/Karaoglanoglou; Tel. 8 22 20 26, Fax 8 22 20 62; www.rivierahotel-north-cyprus.com; 46 Zimmer • MASTER VISA

→ S. 115, D 6

Die Tierwelt unter Wasser erleben Eltern und Kinder bei einer Fahrt mit dem Yellow Submarine in Agía Nápa: Da sitzt man im Rumpf eines Bootes hinter großen Panoramascheiben.

Viel Spaß haben Kinder an einer **Bootsfahrt,** zum Beispiel von Agía Nápa nach Lárnaca oder in die Fig Tree Bay sowie von Pórto Latchí zur Fontana Amorosa.

Mit wanderfreudigen Kindern ab etwa acht Jahren können Sie schöne **Touren** im Tróodos-Gebirge machen. Die knapp zweistündige Tour zu den Caledonia-Wasserfällen ist sehr beliebt, weil rund zwanzigmal ein kleiner Bach auf wackeligen Trittsteinen überquert werden muss.

Eine Besonderheit Nord-Zyperns ist, dass auch Kleinkinder schon ein Badehöschen tragen müssen. Ansonsten aber ist man dort ebenso kinderfreundlich wie im Süden. Besonders faszinierend für Kinder im Norden: die Burg von St. Hilarion.

Unterwegs auf Zypern

Für viele Zypern-Fans der Traumstrand schlechthin: Níssi Beach (→ S. 25) ist wohl der schönste der vielen Strände, die sich westlich von Agía Nápa aneinander reihen.

Besucher Zyperns profitieren von den Vorteilen einer jeden Insel dieser Größe: Die Wege sind kurz – zumal die kulturellen und landschaftlichen Höhepunkte reich gesät sind.

Lárnaca und der Osten

Bei Lárnaca und Agía Nápa laden die längsten und breitesten Strände Süd-Zyperns zum Baden ein.

Die Kirche Ágios Lázaros (→ S. 32) birgt wertvolle Ikonen, darunter eine Lazarus-Ikone, die am Abend vor Palmsonntag im Rahmen einer feierlichen Prozession durch die Straßen von Lárnaca getragen wird.

Weite Ebenen und sanft gewelltes Hügelland prägen den Südosten der Insel. Nach Norden hin begrenzen ihn niedrige Hügelzüge mit weitgehend gerader Kammlinie, im Westen grenzt er an die ersten Ausläufer des Tróodos-Gebirges. Die geschäftige Hafenstadt **Lárnaca** ist das traditionelle Zentrum dieser Region.

An Wirtschaftskraft ist das erst nach 1974 entstandene Ferienzentrum um **Agía Nápa** und **Paralímni-Protarás** ihm inzwischen fast gleichwertig, denn hier stehen die meisten Badehotels der ganzen Insel. Westlich von Lárnaca bestimmen Getreidefelder das ländliche Bild, im Osten gedeihen auf saftig roten Böden Kartoffeln besondern gut. Eine Vielzahl von Bauerndörfern bezeugt, dass sich die Landwirtschaft hier noch lohnt.

Wer in moderner Umgebung überwiegend Strandurlaub machen möchte, wohnt in Agía Nápa, Paralímni und Protarás besonders gut. Als **Party-Zentrum** des östlichen Mittelmeers hat sich Agía Nápa einen Namen gemacht. Wer eher eine Kombination aus Strand und Stadtnähe bevorzugt, ist in Lárnaca und den Hotels seiner näheren Umgebung gut aufgehoben.

Lárnaca

→ S. 117, EF 9

72 000 Einwohner
Stadtplan → S. 33

Zyperns drittgrößte Stadt besitzt die schönste Uferpromenade der Insel mit den höchsten Palmen und als einzige Metropole einen langen, sandigen Badestrand direkt am Rande der Altstadt mit ihren vielen Geschäften und Musikbars für den Abend. Der Strand reicht von der modernen Marina bis zur alten türkischen Festung, hinter der eine schmale Uferstraße bis zum kleinen Fischereihafen führt. Alles Sehenswerte liegt in Lárnaca so dicht beieinander, dass man es als Tagesbesucher bequem in drei Stunden ausgiebig kennenlernen kann.

MERIAN-Tipp

4 Faros Village Beach

Die gepflegte Hotelanlage in Perivólia, 14 km südwestlich von Larnaca, steht auf einem niedrigen Felsplateau über einem schönen Sandstrand. Das Hotel verfügt über einen Pool und eine große Rasenfläche.

Perivólia; Tel. 24 42 21 11, Fax 24 42 21 14; www.farosvillage.com; 134 Zimmer ●● MASTER VISA → S. 117, E 10

Hotels/Andere Unterkünfte

Sun Hall → S. 33, c 3

Stadthotel direkt an der Uferpromenade und Marina.

Athens Avenue 6; Tel. 24 65 33 41, Fax 65 27 17; www.aquasolhotels.com; 112 Zimmer ●●● MASTER VISA

Sandy Beach → S. 118, C 16

Komfortables Strandhotel ca. 8 km östlich der Stadt.

Dekéleia Road, Pýla; Tel. 24 64 63 33, Fax 24 64 69 00; www.sandybeachhotel.com.cy; 205 Zimmer ●● CREDIT

Livadhiótis → S. 33, b 4

Modernes Apartment-Hotel im Herzen der Altstadt mit Wohneinheiten für bis zu vier Personen.

Nikólaos Róssos Street 50; Tel. 24 62 62 22, Fax 24 62 64 06; www.livadhiotis.com; 18 Zimmer ● MASTER VISA

Spaziergang

Orientierung schafft ein einstündiger Spaziergang. Er beginnt am türkischen **Hafenkastell**, führt zur **Lázaros-Kirche** und von dort durch die Hauptgeschäftsstraße Zinónon Kitiéos zur **Pierídes-Sammlung.** Hier biegen Sie wieder zum Meer ab, erreichen die **Städtische Kunstgalerie**, das **Paläontologische Museum** und den **Jachthafen** und gehen am Stadtstrand entlang über die palmenbestandene Uferpromenade zurück zum türkischen Hafenkastell.

Sehenswertes

Ágios Lázaros → S. 33, b 4

Die Zyprer fanden im Jahre 890 in Lárnaca einen Sarkophag, der den Namen Lazarus trug. Für sie stand fest, dass es sich bei den Gebeinen in dem steinernen Sarg um die eben jenes Lazarus handelte, den Bruder von Maria und Martha, den Jesus von den Toten auferweckte. Einer Legende zufolge soll Lazarus nach Jesu Tod nach Zypern geflüchtet und hier zum ersten Bischof der Stadt Kítion geweiht worden sein. Noch heute ist Lazarus Schutzheiliger der Stadt Lárnaca. Ihrer Bedeutung wegen wurden die Gebeine des Heiligen in die Reichshauptstadt Byzanz gebracht, wo sie 1204 von den Venezianern gestohlen wurden. Ihr Verbleib ist unklar.

Im 10. Jh. wurde über der Grabstätte des Heiligen eine prächtige Kirche erbaut. Im Inneren hängt an zwei Pfeilern je eine Lazarus-Ikone, die das Wichtigste des Geschehens verkündet: Jesus besitzt wahrhaft die Fähigkeit, Tote zum Leben zu erwecken. Denn dass Lazarus nicht nur scheintot war, beweist auf beiden Ikonen der Mann, der sich die Nase zuhält, weil der Heilige schon zu stinken begonnen hatte. Rechts neben der Ikonostase führt eine Treppe in die Krypta mit dem leeren Sarkophag (Sarkophag ist ein altgriechisches Wort, das sinnigerweise so viel wie Fleischfresser bedeutet).

Ágios Lázaros Street; tgl. 8–12.30, April–Aug. auch tgl. 15.30–18.30, Sept.–März auch tgl. 14.30–17 Uhr

Kímon-Büste → S. 33, c 3

An der Uferpromenade steht die unscheinbare Büste des griechischen Feldherrn Kímon (510–449 v. Chr.). Er führte im Jahre 450 v. Chr. eine Flotte an, die das damals phönizische und im Kampf der Griechen gegen die Perser neutrale Kítion belagerte. Das Denkmal wurde 1923 aufgestellt und soll die Bedeutung der Griechen in der zyprischen Geschichte betonen.

Kítion → S. 33, ab 1

Lárnaca war schon im zweiten Jahrtausend v. Chr. – damals unter dem Namen Kítion – eine bedeutende Siedlung. Vom 9. Jh. v. Chr. an war dieses Kítion eine phönizische Stadt auf der überwiegend von Griechen bewohnten Insel und blieb es die ganze klassische Antike hindurch bis zum Ende des 4. Jh. v. Chr. Archäologen haben an mehreren Stellen Überreste freigelegt; zu besichtigen ist nur ein Komplex nordwestlich des Archäologischen Museums. Die sichtbaren Teile sind wenig spektakulär, und die Grundmauern aus verschiedenen Epochen überlagern sich. Zu erkennen sind die Umrisse eines großen Tempels, der der phönizischen Göttin Astarte geweiht war. Er besaß Zugänge zu den Werkstätten, in denen Kupfer geschmolzen und verarbeitet wurde. Geschützt war der Komplex durch die Stadtmauer.

Makheras Street; Mo–Fr 9–14.30 Uhr

Türkisches Hafenkastell → S. 33, c 4

Das Fort mit seinem blumengeschmückten Innenhof ist eher idyllisch als architektonisch bedeutsam. Schön ist der Blick vom Innenhof auf die Mauer und die Moschee Djami Kebir aus dem 19. Jh., die bis 1974 die Hauptmoschee im Türkenviertel von Lárnaca war. Das Kastell errichteten die Türken im Jahre 1605.

Ankara Street; Mo–Fr 9–17, Mai–Sept. 9–19 Uhr

Museen

Archäologisches Bezirksmuseum → S. 33, b 2

Das Museum besitzt Objekte aus allen Epochen der zyprischen Geschichte, darunter einen schönen Sarkophag in Menschengestalt und mehrere Statuen, an denen noch Reste von Bemalung festzustellen sind. Man sollte es am besten erst nach der Besichtigung des Zypern-Museums in Nicosia besuchen, weil man dann vieles besser versteht.

Kalogréon Square; Mo–Fr 9–14.30, Do auch 15–18 Uhr außer im Juli und Aug.

Paläontologisches Museum → S. 33, c 3

Große Fossiliensammlung.

Europe Square; Di–Fr 9–14, Sa und So 9–12 Uhr

Pierídes-Sammlung → S. 33, c 3

Das private Museum steht in der Altstadt von Lárnaca hinter zwei hoch aufragenden Araukarien. Die gezeigten Stücke geben einen guten Überblick über die Entwicklung der Keramik bis zum Mittelalter.

Zinónon Kitiéos Street 4; Mo–Do 9–16, Fr und Sa 9–13 Uhr

Städtische Kunstgalerie → S. 33, c 3

Wechselausstellung zyprischer Gegenwartskunst.

Europe Square; Di–Fr 10–13 und 16–18, Mai–Sept. 17–19, Sa nur 10–13 Uhr

Essen und Trinken

Monte Carlo → S. 33, c 4
Gepflegtes, alteingesessenes Restaurant direkt am Meer, guter Service, viele einheimische Gäste.
Piale Pasha Street 28; tgl. ab 12 Uhr ●●
AmEx MASTER VISA

Tudor Inn → S. 33, c 4
Britisch geprägtes Steak-Restaurant in einem Fachwerkhaus, wie es auch in England stehen könnte.
Lala Mustafa Pasa Street 28 A; Di–Sa 19.30–24 Uhr ●●● MASTER VISA

The Brewery → S. 33, c4
Restaurant mit Terrasse nahe dem türkischen Hafenkastell.
Athens Avenue ●● CREDIT

Psarolímano → S. 33, südl. c 4
Fischrestaurant am Fischerhafen.
Piále Pásha Street 118 ●● MASTER VISA

Einkaufen

In der Altstadt gibt es viele kleine Geschäfte. Interessant ist auch ein Besuch des staatlichen Kunstgewerbeladens in der Kósma Lyssiótis Street 6 und der Emira Pottery in der Mehmet Ali Street 13.

Am Abend

An der **Uferpromenade** mit den vielen Cafés ist immer etwas los. Den meisten Touristen reicht es, hier abends einen ausgedehnten Bummel zu unternehmen, zu sehen und gesehen zu werden, vielleicht irgendwo ein Glas Wein zu trinken. Aber natürlich gibt es auch Treffpunkte für Aktivere.

Black Turtle Tavern → S. 33, bc 4
Griechische Musiktaverne in der ersten Etage eines alten Hauses
Mehmet Ali Street, nahe der Lazaros-Kirche; Mi–Sa ab 20 Uhr Livemusik ●●

Memphis → S. 33, nordöstl. c 3
In-Disco an der Uferstraße östlich von Lárnaca, gegenüber vom Hotel Sunorama Beach Gardens.
Dhekélía Road

Musical Ways → S. 33, b 4
Moderne Taverne, in der an jedem Freitag und Samstag abends griechische Livemusik gespielt wird, zu der

Eine palmenbestandene Uferpromenade, ein Badestrand im Herzen der Stadt und ein malerischer Jachthafen – Lárnaca weckt Erinnerungen an die Côte d'Azur.

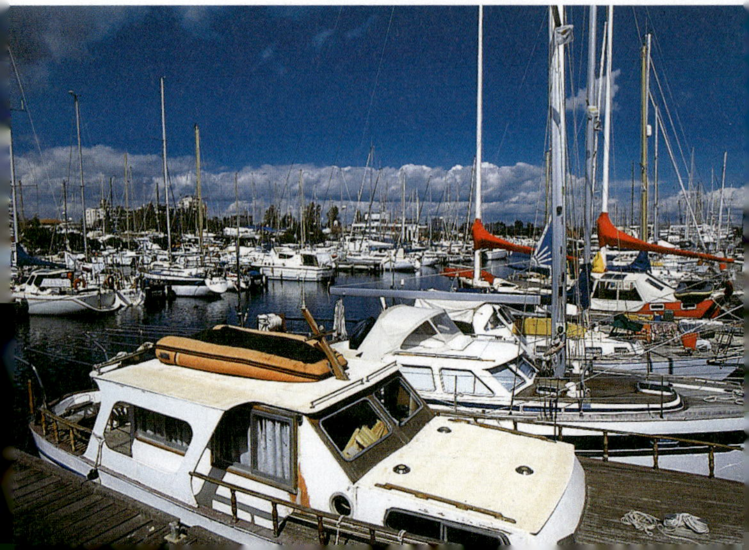

MERIAN-Tipp

5 Art Café 1900

Das gepflegte Café und Restaurant mit Weinbar ist in einem Altstadthaus eingerichtet und wird von Galeristen betrieben. Viel Kunst an den Wänden, Bücher zum Durchblättern im Regal. Zu empfehlen ist das exzellente Lamm aus dem Backofen.

Stasinou Street 6; www.artcafe1900.com.cy; 18–24 Uhr ●● MASTER VISA

⇢ S. 33, b3

die Gäste im Laufe des Abends zunehmend mittanzen. Zwar touristisch, aber unterhaltsam. Gute Mezé.

Lazaros Street (schräg gegenüber der Lazarus-Kirche) DINERS MASTER VISA

Savino Rock Bar ⇢ S. 33, c 3

Bar mit langem Tresen, Blues-, Rock- und Jazzmusik.

Watkins Street 11

Service

Auskunft ⇢ S. 33, c 3

Tourist Information Office

Plátia Dimokratías; Tel. 24 65 43 22

Verkehrsmittel

Die Sehenswürdigkeiten in der Stadt sind zu Fuß zu erreichen, die östlich der Stadt gelegenen Hotels tagsüber per Linienbus. Die Abfahrtsstelle befindet sich an der Marina, gegenüber dem Hotel Sun Hall.

Ziele in der Umgebung

Agía Nápa ⇢ S. 119, E 16

Im äußersten Osten der Südküste ist nach 1974 ein völlig neuer Ort entstanden, der vor allem einem Zweck dient: die zahlreichen Urlauber zu beherbergen. Die Lage dafür ist gut gewählt, weil es hier die besten Sandstrände der Insel gibt. Das Hinterland allerdings ist flach und recht eintönig, die Entfernung zu den Sehenswürdigkeiten der Insel relativ groß. Der Ort ist sauber und gepflegt, wird aber freilich nur von Touristen bevölkert. Die unterscheiden sich je nach Jahreszeit: Im Frühjahr und Herbst sind es überwiegend Familien, im Winter Senioren. Im Hochsommer gehört Agía Nápa ganz der Jugend. Engländer und Skandinavier fliegen dann sogar mit Sondermaschinen nur fürs Wochenende ein, DJs aus aller Welt geben sich in den fast 20 Clubs und Diskotheken des Ortes die Klinke in die Hand. Neben Ibiza ist Agía Nápa zurzeit der Szene-Treff für diese Klientel. Clubs und Discos konzentrieren sich vor allem auf die Gassen oberhalb des ehemaligen Klosters im Zentrum von Agía Nápa.

Einen Ausflug nach Agía Nápa kann man mit einem Abstecher auf die felsige Halbinsel des **Kap Gréco** verbinden. Das äußerste Kap selbst ist allerdings militärisches Gebiet und darf nicht betreten werden. In Agía Nápa ist das **Meeresmuseum Thálassa** mit dem Nachbau des 2300 Jahre alten Handelsschiffs von Kyrénia (→ S. 84) sehenswert (Juni–Sept. Mo 9–13, Di-So auch 18–22 Uhr; sonst Mo 9–13, Di–Sa 9–17 Uhr). Außerdem lohnt das ehemalige **Kloster** im Ortszentrum den Besuch. Es wurde im 16. Jh. von einer venezianischen Familie gestiftet und wirkt darum sehr westlich. Ein Raum beherbergt eine kleine Sammlung alter landwirtschaftlicher Geräte, im Innenhof spendet ein römischer Eberkopf aus Stein noch immer Wasser. Am Brunnen unterm Baldachin die Gründungslegende des Klosters: Ein venezianisches Edelfräulein aus Famagusta verliebte sich in einen Mann niederen Standes. Der Vater verbot die Heirat, die Tochter erbat von ihm daraufhin den Klosterbau. Heute ist das Kloster eine ökumenische Begegnungsstätte; sein Innenhof ist frei zugänglich.

41 km nordöstl. von Lánarca

In der Moschee Hála Súltan Tekké ruht die Ururgroßmutter des jordanischen Königs.

Ágios Minás

→ S. 116, C 10

Das Nonnenkloster in einem Hochtal südwestlich von Léfkara wirkt von weitem wie eine Festung. Betritt man die Klosterkirche aus dem 18. Jh., fallen die vielen neuen Ikonen an den Wänden auf, die von den Nonnen gemalt wurden. Im ersten Stock des Zellentraktes liegt die Malerwerkstatt. Hier können Sie den Nonnen nicht nur bei der Arbeit zusehen, sondern auch Ikonen in Auftrag geben.

12–15 Uhr geschl.; 46 km westl. von Lárnaca

Hála Súltan Tekké

→ S. 117, E 10

Am Ufer des Salzsees steht zwischen Palmen die Moschee Hála Súltan Tekké, die bis 1974 der bedeutendste islamische Wallfahrtsort der Insel war. Der Legende nach soll hier eine enge Verwandte des Propheten Mohammed begraben liegen: Sie kam 649 mit arabischen Eroberern und starb an ihrem Ankunftstag, als sie von ihrem Reittier fiel. In der folgenden Nacht schwebten auf wundersame Weise drei gewaltige Steinplatten aus Jerusalem oder Mekka herbei und bildeten über dem Leichnam ein Grabdenkmal. 1816 wurde an dieser Stelle die sehr einfache, weitgehend schmucklose Moschee errichtet, später entstanden Pilgergebäude am Rande des Innenhofs.

Vor dem Betreten der Moschee Schuhe ablegen. Der Wärter erwartet ein Trinkgeld, gibt einem dafür aber auch eine Taschenlampe, um das Grab besser betrachten zu können.

Juni–Sept. tgl. 7.30–19.30 Uhr, sonst bis Sonnenuntergang; 6 km südl. von Lárnaca

Khirokitía

→ S. 116, C 10

Wie Menschen auf Zypern vor 8500 Jahren lebten, können Sie in Khirokitía (auch: Choíroikoitia) nachvollziehen. Die Archäologen haben hier Teile einer Siedlung freigelegt, deren über 1000 Bewohner in Rundhütten wohnten, die aus Stein erbaut waren und ein Dach aus Kraggewölbe besaßen. In einigen der größeren Hütten befinden sich mächtige Steinpfeiler, die offenbar ein hölzernes Zwischengeschoss trugen. Ähnliche Geschosse findet man auch heute noch in älteren Bauernhäusern. Sie erkennen auch die ursprüngliche Stadtmauer, die später jedoch mitten durch das sich erweiternde Dorf verlief. Die Funde aus Khirokitía sind im Nationalmuseum in Nicosia ausgestellt. Begehbare Rekonstruktionen von drei Hütten unterstützen die Vorstellungskraft des Besuchers gleich hinter dem Eingang zu den Ausgrabungen.

Juni–Aug. tgl. 8–19.30 Uhr, sonst tgl. 9–17 Uhr; 31 km südwestl. von Lárnaca

Kíti

→ S. 117, E 10

Der Name verwirrt zunächst. Das antike Kítion lag an der Stelle des heutigen Lárnaca, das moderne Kíti liegt aber etwa 12 km westlich der Stadt. Hier steht im Zentrum des Dorfes eine der ältesten Kirchen der Insel mit dem frühesten christlichen Mosaik Zyperns. Die Kirche der **Panagía Ángeloktistós** – der von den Engeln erbauten Marienkirche – ist im Kern eine Kreuzkuppelkirche aus dem 11. Jh. Sie wurde über der Ruine einer frühchristlichen Basilika erbaut, wobei die Apsis in den Neubau integriert wurde. Sie war und ist nämlich mit einem großartigen Mosaik geschmückt, das aus dem 6. Jh. stammen dürfte. Vor einem goldenen Hintergrund zeigt es die prachtvoll gewandete Maria, auf einem mit Edelsteinen besetzten Podest stehend, das Christuskind im Arm. Von links und rechts schreiten die fürstlich gekleideten Erzengel Michael und Gabriel mit Flügeln aus wunderschönen Pfauenfedern heran. Den Rahmen bilden fantasievolle geometrische und florale Motive, dazwischen aber Hirsche und Vögel. Der Vorbau ist an den gotischen Gewölben und Grabplatten mit lateinischer Inschrift als Werk der Kreuzritterzeit zu erkennen.

Mo-Sa 8–12 und 14–16 Uhr, So 9.30–12 und 14–16 Uhr; 12 km südl. von Lárnaca

Léfkara

→ S. 116, C 10

Im sich fotogen über die Hänge ausbreitenden Dorf kann man einen Einkaufsbummel mit dem Besuch eines einzigartigen Museums verbinden. Schon seit 500 Jahren ist Léfkara für seine Hohlsaumstickereien und Silberfiligranarbeiten bekannt, die in vielen Läden feilgeboten werden. Bei der Herstellung kann man zusehen. Beim Kauf meide man Billigware aus Fernost. Seit 2005 hat zudem im Dorf das **Fatsa Wax Museum** geöffnet (Mai–Okt. tgl. 9–19, Nov.–April tgl. 9–17 Uhr). Mithilfe von 150 Wachsfiguren, Videos, Klängen und vielsprachigen Audiophones wird eindrucksvoll die zypriotische Geschichte dargestellt – mit Schwerpunkt nach 1955. Von Kitsch keine Spur – alles ist geschmackvoll konzipiert und obendrein lehrreich!

38 km westl. von Lárnaca

Geduld und eine ruhige Hand waren Voraussetzung für die aufwendigen Restaurationsarbeiten in der Marienkirche von Kíti. Dafür erstrahlt das Mosaik jetzt wieder in goldenem Glanz.

Paralímni-Protarás

→ S. 119, E 15

Die Ostküste der Insel zwischen Agía Nápa und Famagusta hat sich in den 80er-Jahren zu einem bedeutenden Fremdenverkehrsgebiet entwickelt. Ein empfehlenswertes Ausflugsziel ist diese Region jedoch nicht, denn anders als beispielsweise in Agía Nápa hat man hier beim Bau der Hotels so manchen spanischen Fehler wiederholt, indem man zu wenig die landschaftliche Einbettung im Auge hatte.

Wer hier seinen Urlaub gebucht hat, kann sich trotzdem wohl fühlen. Es gibt viele Sandstrandbuchten vor grünen Liegewiesen von Hotels und ganz im Norden die idyllische kleine Siréna Bay mit einer einzigen, sehr urigen Taverne. Im Ortskern von Protarás erwartet den Urlauber ein großes Angebot an Restaurants, Bars und Diskotheken. Dort liegt auch das Gelände der Magic Dancing Waters, wo zwischen Mai und September täglich abends um 21 Uhr 18 000 Düsen und 480 Scheinwerfer für eine farbenprächtige, musikalisch untermalte Fontänenshow sorgen.

Für Urlauber aus dieser Region lohnt auch die kurze Linienbusfahrt ins große Binnendorf Paralímni. Auf seinem weitläufigen Dorfplatz stehen drei Kirchen unterschiedlichen Alters. Die älteste von ihnen stammt bereits aus dem 10. Jh. Die jüngste und größte wurde in den 1990er-Jahren innen vollständig mit großflächigen Wandmalereien im traditionellen byzantinischen Stil ausgestattet.

40 bis 50 km nordöstl. von Lárnaca

Pýla

→ S. 118, C 16

Das große Dorf nordöstlich von Lárnaca liegt in der von argentinischen UNO-Soldaten kontrollierten Pufferzone. Es war zwischen 1974 und 2004 eins der ganz wenigen Dörfer der Insel, in dem griechische und türkische Zyprioten weiterhin zusammenlebten, und wurde deshalb von an Land und Leuten stark interessierten Urlaubern gern besucht. Zumindest für Lárnaca-Urlauber ist es noch immer reizvoll, hier im türkisch-zypriotischen Kaffeehaus am Dorfplatz unter alten Arkaden zu sitzen oder gegenüber in der Taverne von Pétros rustikal zu essen. Außerdem befindet sich 4 km außerhalb des Dorfes bei Pérgamos einer der vier offiziellen Checkpoints für den Übertritt zwischen Nord und Süd. Um hinzukommen, braucht man jedoch ein Auto.

10 km nordöstl. von Lárnaca

Pýrga

→ S. 117, D 9

In diesem wenig besuchten Dorf steht am Dorfplatz eine kleine **Kirche**, die als »Königliche Kapelle« bezeichnet wird. Ein Besuch lohnt sich für Liebhaber byzantinischer Kunst. Der Bau entstand 1421 und wurde von einem orthodoxen Maler mit Wandgemälden ausgeschmückt. Die Auftraggeber entstammten der damals auf Zypern herrschenden französischen Kreuzritterdynastie der Lusignans. Das wird an den königlichen Wappen auf den Gewölbegurten und an einigen Figuren auf den Fresken deutlich. So kniet zu Füßen des Gekreuzigten das fränkische Königspaar, in der Szene der Beweinung Christi hält ein römisch-katholischer Bischof die Füße des Heilands.

Alle Fresken sind in lateinischer Schrift in mittelalterlichem Französisch beschriftet, doch war der Maler dieser Sprache nicht sonderlich mächtig: Mehrere Rechtschreibfehler schlichen sich ein. Der Stil der Malerei ist eindeutig byzantinisch.

Die Anfahrt durch ein bewaldetes Tal ist besonders von Lárnaca über Agía Ánna und Psévdhas schön. Der Schlüssel zur Kirche ist im Kaffeehaus am Platz erhältlich.

21 km westl. von Lárnaca

Salzsee

⋯› S. 117, EF 10

Der Salzsee im Westen Lárnacas nahe dem Flughafen zeigt zu jeder Jahreszeit ein anderes Gesicht. Im Winter ist er mit Wasser gefüllt, bis in den April hinein überwintern hier hunderte von rosa Flamingos. Dann wird die Wasserfläche immer kleiner, bis der See im Juli oder August völlig ausgetrocknet ist. Im Januar füllt er sich dann langsam wieder mit Wasser. Der Prozess der Salzbildung ist noch nicht endgültig geklärt. Am besten verbindet man einen Besuch des Sees mit der Besichtigung der Moschee Hála Súltan Tekké (→ S. 36).

2,5 km westl. von Lárnaca

Stavrovoúni

⋯› S. 117, D 10

Aus der breiten Küstenebene westlich von Lárnaca ragt weithin sichtbar ein einsamer, 690 m hoher Berg auf. Eine Asphaltstraße führt fast bis zum Gipfel, auf dem das **Kloster** liegt. Es ist das Ziel zahlreicher männlicher Pilger, die hier einen Splitter des Kreuzes verehren, an dem Jesus starb.

Das Kloster wurde schon im frühen 4. Jh. gegründet. Die hl. Helena, Mutter des römischen Kaisers Konstantin, war ins Heilige Land gezogen, um das Kreuz von Golgatha zu finden. Auf ihrem Rückweg landete sie auf Zypern. Eine Vision bedeutete ihr, auf dem Gipfel dieses Berges ein Kloster zu gründen und Teile des Kreuzes als Reliquie hierzulassen.

Im Jahre 1426 ging die Reliquie verloren, ein Splitter fand sich jedoch auf wundersame Weise wieder und ist jetzt in ein silbernes Kreuz gefasst, das an der rechten Seite der Ikonostase hängt.

12–15 Uhr geschl.; Eintritt für Frauen und Mitnahme von Kameras verboten; 34 km westl. von Lárnaca

Strenge Sitten: Frauen ist der Zutritt zum Kloster Stavrovoúni grundsätzlich verwehrt. Vielleicht trösten sie sich mit der fantastischen Aussicht auf die Bucht von Lárnaca und auf das Tróodos-Gebirge ...

Limassol und der Süden

Limassol mit seiner lebendigen Altstadt bildet das Zentrum einer geschichtsträchtigen Landschaft.

Moderne Geschäftigkeit und beschaulicher Alltag gehen in Limassol, der zweitgrößten Stadt Zyperns, noch Hand in Hand. Die Gassen der Altstadt laden zum Bummeln, Shoppen oder zur Einkehr in einer der vielen nostalgischen Tavernen ein.

Zyperns zentraler Süden wird ganz von der Großstadt Limassol geprägt, die die Einheimischen Lemesós nennen. Eine abgeriegelte britische Militärzone auf der Halbinsel Akrotíri beraubt sie zwar eines Teils ihres natürlichen Umlandes, aber dennoch gibt es auch in der nahen Umgebung einiges zu sehen. Westlich der Stadt erstrecken sich ausgedehnte Obstplantagen hinter dichten Zypressenalleen, hier liegt mit Koúrion eines der größten archäologischen Grabungsareale der Insel. Im Osten von Limassol legen Archäologen das antike Amáthous frei. Wer nicht nur an den schmalen Hotelstränden vor den erstklassigen Badehotels der Stadt in der Sonne liegen will, gelangt mit dem Auto schnell an die besonders schönen Strände von Pissoúri und Governor's Beach. Kaum länger dauert die Fahrt ins nahe Tróodos-Gebirge, dessen Ausläufer bis an den Stadtrand reichen.

Limassol

→ S. 116, AB 11

162 000 Einwohner
→ Stadtplan S. 41

Limassol, nach Nicosia die zweitgrößte Stadt Zyperns, ist eine junge, nach 1974 rasant zur Wirtschaftsmetropole aufgestiegene Stadt, deren Attraktivität in der Verquickung von moderner Geschäftigkeit und lebendiger Altstadt liegt. Die Markthallen der Stadt wirken orientalischer als anderswo auf Zypern. Vor Behörden sitzen öffentliche Schreiber an Klapptischen und füllen für die ländliche Bevölkerung Formulare aus, in den Gassen der Altstadt sind die Geschäfte noch wie in früheren Zeiten nach Warengruppen geordnet. Man kann die Abende in Diskotheken verbringen, in nostalgischen Tavernen oder in Feinschmecker-Restaurants wie der stilvoll restaurierten Johannisbrotmühle an der mittelalterlichen Festung.

Hotels/andere Unterkünfte

Amathus Beach → S. 41, östl. c 3
Luxuriöses Strandhotel 8 km östlich des Zentrums, Thalasso-Spa-Bereich, Hallenbad. Mitglied der Leading Hotels of the World.
Amathus Avenue; Tel. 25 83 20 00, Fax 25 83 25 40; www.amathushotel.com; 239 Zimmer ●●●● CREDIT

Grand Resort → S. 41, östlich c 2
Regelmäßig als eins der besten Hotels am Mittelmeer ausgezeichnetes Strandhotel 15 km östlich der Stadt.
Amathus Avenue; Tel. 25 63 43 33, Fax 25 63 45 88; www.hawaiihotel.com; 255 Zimmer ●● CREDIT CREDIT

Curium Palace Hotel → S. 41, nordöstl. c 2
Traditionsreiches Stadthotel mit Pool gegenüber dem Archäologischen Museum. An der Hotelbar treffen sich auch gut situierte Einheimische.
Byron Street 2; Tel. 25 36 31 21, Fax 25 35 92 93; www.curiumpalace.com; 60 Zimmer ●● CREDIT

Metropole → S. 41, b 2
Vor über 100 Jahren gegründetes Altstadthotel, gut renoviert.
Iphigenia Street 4–6; Tel. 25 36 23 30, Fax 25 37 03 48; 18 Zimmer ● MASTER VISA

MERIAN-Tipp

6 Museum des Mittelalters

Im **Cyprus Medieval Museum** in der Burg von Limassol sind neben Dokumenten, Waffen, Grabplatten und Keramik auch Teile des byzantinischen »Silberschatzes von Lamboussa« aus dem 7. Jh. zu sehen, der aus Silberschalen und -platten mit Reliefdarstellungen alttestamentarischer Szenen sowie Silberlöffeln bestand.

Irínis Street; Di–Sa 9–17, So 10–13 Uhr
→ S. 41, a 2

Spaziergang

Reizvoll ist in Limassol vor allem das alte **Bazarviertel** rund um die Markthallen. Ein einstündiger Rundgang könnte an der **Burg** und der **Carob Mill** beginnen. Dann gehen Sie durch die Hauptgeschäftsstraße Ágios Andreas und biegen nach links zur **Markthalle** ab. Dann kehren Sie zur **Uferpromenade** zurück und folgen ihr am Meer entlang mit Blick auf die auf Reede liegenden Schiffe bis zum **Stadtpark**.

Sehenswertes

Amáthous → S. 116, B 11
Die Überreste des antiken Stadtkönigtums werden erst seit 1980 erforscht. Viel ist noch nicht zu sehen. Machen Sie aber ruhig einmal einen Spaziergang zu den Ruinen, wobei Sie zwei Grabungsgebiete ansteuern sollten:

1. Die antike **Akropolis**, auf deren Gipfelplateau die Grundmauern eines römischen Aphrodite-Tempels freigelegt werden, etwa 300 m östlich des Hotels Amathus Beach hinter einer Brücke links den Hang hinauf.

2. Die antike **Agorá**, also der Marktplatz von Amáthous, liegt nördlich der Küstenstraße, etwa 450 m östlich vom Hotel Amathus Beach. Teile einer frühchristlichen Basilika sind gut erhalten.

Tgl. 8–17 Uhr (Juni–Aug. bis 19.30 Uhr)

Burg → S. 41, a 2
Das Kastell, in dem der Legende nach Richard Löwenherz und Berengaria von Navarra getraut wurden, lag im Mittelalter direkt an der Küste. Seine heutige Form erhielt es im 14. Jh., als das Kastell im Besitz der Johanniterritter von Rhodos war. Heute beherbergt es das Zypriotische Museum für das Mittelalter.
Di–Sa 9–17, So 10–13 Uhr

Stadtpark → S. 41, nordöstl. c 3
Jährlich ist der schattige Stadtpark von Ende August bis Anfang September Schauplatz des Weinfestivals. Für

In der trutzigen Burg von Limassol heiratete der englische König Richard Löwenherz vor über 800 Jahren auf dem Weg ins Heilige Land eine spanische Prinzessin.

den Rest des Jahres ist seine Hauptattraktion ein kleiner Zoo, in dem man zypriotische Mufflons sehen kann.
28 October Street

MUSEEN

Archäologisches Bezirksmuseum
---> S. 41, nordöstl. c 2
Das nur aus drei Sälen bestehende Museum besitzt einige schöne Hathorkapitelle aus dem 5. Jh., die die enge Verbindung der Stadt mit Ägypten belegen, wo die kuhköpfige Göttin hohe Verehrung genoss.
Byron Street; Di, Mi, Fr 8–15, Do 8–17, Sa 9–15 Uhr

Volkskunstmuseum ---> S. 41, c 2
Das kleine Folklore-Museum zeigt Trachten, Keramik, Stickereien und Handarbeiten der letzten 200 Jahre.
Ágios Andréas Street 253; Mo–Fr 8.30–13.30, Mo–Mi und Fr auch 15–17.30 Uhr, Juni–Sept. 16–18 Uhr

ESSEN UND TRINKEN

Old Fish Harbour (Ladas)
---> S. 41, a 3
Renommiertes Fischrestaurant am alten Hafen, viele einheimische Gäste.
So geschl. ●●●● CREDIT

Stretto ---> S. 41, a 2
Eins der schicksten Restaurants und hippe Lounge an der Carob Mill, stets sind lebende Langusten vorrätig.
Vasilíssis Street; Bar tgl. ab 11, Restaurant ab 19 Uhr ●●● CREDIT

Brasil ---> S. 41, c 2
Dezenter Schick in einem alten Bürgerhaus, brasilianische Küche.
Ágios Andréas Street 242; Di–So ab 18 Uhr ●● MASTER VISA

The Old Neighbourhood
---> S. 41, südwestl. a 2
Einfache, kleine Familientaverne mit Durchschnittsküche, aber besonders schöner Atmosphäre. Erst ab 18 Uhr geöffnet, manchmal musizieren Gäste hier auch am späteren Abend.
Ankara Street 14 ●● DINERS MASTER VISA

EINKAUFEN

Zahlreiche Geschäfte finden Sie in der Altstadt, in der Ágios Andréas Street und ihren Seitengassen.

Markthallen ---> S. 41, b 1-2
Im Herzen der Altstadt stehen die Markthallen, wo es bunter, vielfältiger und lebhafter zugeht als in allen

MERIAN-Tipp

7 Carob Mill

Die Frucht des Johannisbrotbaums galt bis 1960 als »das schwarze Gold Zyperns«. In Limassol wurde 2002 eine große ehemalige Johannisbrotmühle restauriert und zu einem modernen Kultur- und Restaurantzentrum ausgebaut. Eine exzellente Ausstellung erklärt Produktion und Verwertung des Johannisbrots. Ein Besuch lohnt sich besonders am frühen Abend, wenn die Cafés, Restaurants und Lounges rund um die Burg mit Szene-Publikum gefüllt sind.

Vassilíssis Street (an der Burg)

→ S. 41, a 2

anderen auf Zypern. Hier wird mit Fleisch, Fisch, Obst und Gemüse gehandelt, aber auch mit Wein und Spirituosen, europäischen Importlebensmitteln, Oliven und Nüssen – alles, was auf Zypern wächst, finden Sie hier. Um die Markthallen herum haben sich einfache Tavernen und Kaffeehäuser etabliert, hier gibt es noch die selten gewordenen Schuhputzer und Losverkäufer.

Zwischen Athens und Kanáris Street; Mo, Di, Do, Fr 5.30–14.30, Mi 5.30–13.15, Sa 5.30–13.45 Uhr

Am Abend

To Karafáki → S. 41, b 2

Überwiegend einheimische Gäste, ab ca. 21 Uhr griechische Livemusik. Man isst Mezé, trinkt Wein oder Whisky. Reservieren!

Ágios Andréas 219; Tel. 25 37 11 11 ●●●●

Service

Auskunft

Tourist Information Office

- **Odós Spirou Araoúzo 115 A (nahe dem alten Hafen); Tel. 25 36 27 56** → S. 41, a 2
- **George A Street 22; Tel. 25 32 32 11**
- **Fährhafen; Tel. 25 57 18 68**

Verkehrsmittel

Städtische Busse verbinden das Hotelviertel täglich bis zum frühen Abend mit der Innenstadt. Linienbusse nach Lárnaca, Nicosia und Páphos fahren am Alten Hafen ab. Von dort fahren im Sommer auch Ausflugsboote zu verschiedenen Stränden.

Ziele in der Umgebung

Governor's Beach

→ S. 116, C 11

Der kleine Küstenabschnitt mit weißen Kreidefelsen und kleinen Sandstränden ist touristisch weniger entwickelt als viele andere zyprische Küstenregionen und daher für einen entspannten Urlaubstag besonders geeignet. Es gibt einen Campingplatz und mehrere Tavernen. In kleinen, modernen Pensionen lässt es sich gut und komfortabel wohnen, so in der **Pension Andreas & Melanie** mit schöner Liegewiese und guter Taverne mit reichhaltigem Speisenangebot (Tel. 25 63 23 14, Fax 25 63 24 24; www.cyprusvillages.de ● MASTER VISA).

22 km östl. von Limassol

Kolóssi

→ S. 113, F 4

Als die Johanniterritter 1291 endgültig aus dem Heiligen Land vertrieben wurden, wo sie sich vornehmlich der Krankenpflege gewidmet hatten, fanden sie zunächst auf Zypern Aufnahme. 1310 eroberten sie dann Rhodos für sich und machten es zum Zentrum ihres Ordensstaates. Auf Zypern behielten sie ausgedehnte Ländereien, auf denen sie vor allem Zuckerrohr anbauen ließen. Als Verwaltungssitz bauten sie die Burg von Kolóssi, an die sich eine Zuckerfabrik unmittelbar anschloss.

Der **Wohnturm** der kleinen Burg ist in seiner Spätform aus dem 15. Jh. noch gut erhalten. Im Kellergeschoss liegen die Lagerräume mit Zisternen. Die beiden darüber befindlichen Stockwerke dienten als Wohn- und Repräsentationsräume der Ordensritter. Die Räume waren mit Kaminen beheizbar.

Vom zinnenbewehrten Dach des Wohnturms aus hat man einen schönen Blick über die Ebene bis hin nach Limassol und zum Olymp. Im Garten um die Burg stehen hoch gewachsene Zypressen und ein gewaltiger Macherienbaum, der aus Nordamerika stammt und erst vor etwa 150 Jahren gepflanzt wurde. Jenseits der Macherie ist das Endstück eines Aquädukts zu erkennen, über den früher Wasser aus den Bergen floss und eine Zuckerrohrmühle antrieb. Der gotische Hallenbau daneben diente als Büro der Verwaltungsbeamten der Plantagen.

Juni–Aug. tgl. 8–19.30, sonst 9–17 Uhr; 12 km westl. von Limassol

Koúrion

···> S. 113, E 4

Zyperns am schönsten gelegene antike Ruinen stammen im Wesentlichen aus der späten Römerzeit (3./4. Jh.). Die Überreste der von den Römern Curium genannten Großstadt erstrecken sich über ein Felsplateau, das zur Küstenebene hin auf drei Seiten steil 70 m tief abfällt. Koúrion ist sehr viel älter als 1700 Jahre, doch wo genau das alte Stadtkönigtum lag, konnten die Archäologen bis heute noch nicht feststellen. Das Ende Koúrions kam mit den Einfällen der Araber im 7. Jh. Die Ausgrabungsstätten im Einzelnen:

Heiligtum des Apollo Hylates

Es war kultisches Zentrum der Stadt in allen vorchristlichen Epochen und liegt am westlichen Stadtrand. Apollo wurde hier als Beschützer des Waldes und des Wildes verehrt; das Heiligtum lag in einem Wäldchen, in dem nicht gejagt werden durfte. Die wahrscheinlich älteste Kultstätte war ein heute unscheinbares, rundes Felsplateau mit sieben Löchern, in die junge Bäume eingepflanzt waren. Um diese Bäumchen herum tanzten die Gläubigen zu Ehren des Gottes.

Prozessionsweg

Eindrucksvoller als diese ältesten Teile der Kultstätte ist der gepflasterte Prozessionsweg. Er führt zu dem ansatzweise rekonstruierten Apollo-Tempel aus römischer Zeit. Bevor die Pilger den Tempel aufsuchten, konnten sie in den kleinen Geschäften der Stoa noch Opfergaben kaufen. Opfergaben aus Ton wurden von Zeit zu Zeit aus dem Tempel entfernt und in heiligen Opfergruben »bestattet«. Eine solche Opfergrube mit zahlreichen Objekten aus der Frühzeit gab den Archäologen wertvolle Hinweise auf die Geschichte des Heiligtums. Die Römer legten auch hier Thermen an und erbauten eine Palästra, wo Ringkämpfer vor Wettbewerben trainieren konnten.

Stadion

Die gut erhaltene Sportanlage ist 229 m lang und bot auf sieben Sitzreihen Platz für 6000 Zuschauer.

Eustolios-Komplex

Die antike Stadt wurde überwiegend von amerikanischen Archäologen ausgegraben. Vom Eingang aus kommt man zum römischen Theater und zum Eustolios-Komplex, der aus einer römischen Villa und einer Thermenanlage besteht, die bis ins 7. Jh. hinein benutzt wurde. Das Besondere sind die Mosaikfußböden, die aus der Zeit des Übergangs zwischen Heiden- und Christentum stammen.

Theater

Das römische Theater liegt neben dem Eustolios-Komplex am zum Meer hin abfallenden Hang. Von hier haben Sie einen Blick auf den langen Kieselstrand Koúrion Beach und auf die Halbinsel Akrotíri. Das Theater fasst 3500 Zuschauer. Seit 1961 wird es auch für Theateraufführungen und nächtliche Schallplattenkonzerte (klassische Musik) genutzt.

14 km westl. von Limassol

Basilika
Ein breiter Weg führt vom Theater zur frühchristlichen Basilika aus der Übergangszeit vom Heidentum zum Christentum: Die Stadt Koúrion war von einem Erdbeben weitgehend zerstört, Tempel und öffentliche Gebäude waren eingestürzt. Obwohl das Christentum gerade zur Staatsreligion erhoben worden war, hingen viele Menschen noch dem alten Glauben an. Wollte man sie für den neuen Glauben gewinnen, musste der neue Gott ebenso glanzvoll sein wie die alte Götterwelt. Also machte man sich daran, einen Kirchenkomplex aus sorgfältig bearbeiteten Quadern und Säulen der Erdbebenruinen zu erbauen, der den alten Tempeln an Pracht ebenbürtig war.

Das Gotteshaus gliederte sich in fünf Schiffe. Die beiden äußeren Kirchenschiffe waren jeweils durch eine Mauer von den drei mittleren getrennt. So konnten Ungetaufte den Gottesdienst verfolgen, waren aber vom zentralen, mystischen Ereignis des Abendmahls ausgeschlossen. An ihm durften sie erst teilhaben, nachdem sie im kreuzförmigen Taufbecken der dreischiffigen kleinen Basilika, die sich der Hauptkirche im Norden anschloss, getauft worden waren. Wie in der Antike wohnten Priester und Bischöfe im Kultbezirk selbst.

Das Stadtzentrum des antiken Koúrion lag der Basilika gegenüber auf der höchsten Erhebung des Stadtbergs. Hier wurden die Grundmauern zahlreicher öffentlicher und privater Gebäude freigelegt. Vier wieder aufgerichtete Säulen mit korinthischen Kapitellen stammen von einer ursprünglich 65 m langen, offenen Halle. In der äußersten Nordwestecke dieses eingezäunten Areals gibt es zwei alte Mosaiken, von denen eines den Kampf zweier Gladiatoren zeigt, das andere die Entdeckung des Achill durch Odysseus.

Juni–Aug. 8–19.30, sonst 9–17 Uhr;
16 km westl. von Limassol

Lady Mile Beach

→ S. 116, A 12

Der beste Sandstrand in der Nähe von Limassol erstreckt sich über mehrere Kilometer entlang der Ostküste der Halbinsel Akrotíri. Seinen Namen bekam er in der britischen Kolonialzeit, weil ein hoher Armeeoffizier hier regelmäßig sein Lieblingspferd namens »Lady« trainierte.

8 km südl. von Limassol

Phassoúri

→ S. 116, A 11

Zwischen Limassol und Kolóssi werden in einer weiten Ebene Südfrüchte angebaut. Man durchquert diesen Garten Eden auf einer eindrucksvollen Zypressenallee, wenn man von Limassol aus der Beschilderung in Richtung Akrotíri folgt.

5 bis 12 km südl. von Limassol

Pissoúri

→ S. 113, D 4

Das Bergdorf mit dem stimmungsvollen, kleinen **Hotel Bunch of Grapes** (Tel. 25 0 22 12 75, Fax 25 22 25 10 ●), in dem man auch gut isst, gab einem 4 km entfernten Sand- und Kieselsteinstrand den Namen. Dort steht eines der besten Hotels der Insel, das **Columbia Pissoúri Beach.**

Tel. 25 22 12 01, Fax 25 22 15 05; www.columbia-hotels.com ●●●● ♿ CREDIT
34 km westl. von Limassol

Salzsee von Akrotíri

→ S. 116, A 11-12

Wie der Salzsee westlich von Lárnaca (→ S. 39) ist auch dieser Salzsee ein bekanntes Überwinterungsgebiet für bis zu 10 000 Rosa Flamingos. Der See hat im Winter eine Fläche von 15 qkm und wirkt im Sommer wie eine Wüste.

12 km südwestl. von Limassol

MERIAN *live!*-QUIZ

GEWINNSPIEL: Monat für Monat eine Reise und weitere attraktive Preise zu gewinnen!

Um wen, was oder welchen Ort geht es hier?

»Als Aphrodite, schaumgeboren, aus den Fluten stieg, um Zyperns Schönheit mit ihrer zu vereinen, stand der Insel noch eine sehr wechselhafte Geschichte bevor. Griechen, Römer, Kreuzritter, Venezianer, Türken, Briten stritten um die Vorherrschaft. Dem griechisch-türkischen Gezeter setzte erst die Mitgliedsflagge der pragmatischen EU ein Ende.

Unter einem (Maulbeer-)»Baum des Müßiggangs« war der Gesuchte oft zu finden. Emsig blieb er trotzdem. Der Baum steht vor den Resten einer gotischen »Abtei des Friedens«, wie sie unter den Franzosen hieß. Den Venezianern war sie ein »schöner Ort«, was sie samt ihrem Dorf, in dem der Gesuchte sich auf Jahre niederließ, bis heute ist.

Hier lebte er zu Beginn des Zypern-Konflikts. Der in Indien geborene Gesuchte, der Henry Miller zu seinen bewundernden Freunden zählte, war ein weitergereister, viermal verheirateter Mann. Halb Europa, Ägypten und Argentinien kannte er schon, mit Zypern verband ihn, der gut Griechisch sprach, besonders viel.

In einer Zeit der Gewalt verfasste er nahe der »Abtei des Friedens« ein Werk, das damals rasch berühmt wurde. Bald darauf entstand hier auch (vom Marquis de Sade inspiriert) »Justine«, der erste Teil eines »Alexandria-Quartetts«, das ihn – zunächst – in den Kreis derer, die den Nobelpreis erwarten durften, hievte. Er bekam ihn, einiger Verrisse wegen, nicht. Kritiker schäumen anders als Aphrodite.«

FELIX WOERTHER

Wenn Sie die Lösung wissen, besuchen Sie uns doch im Internet unter **www.merian.de/quiz** oder senden Sie uns eine E-Mail an **quiz@travel-house-media.de**

Unter den Einsendern verlosen wir Monat für Monat attraktive Preise. Viel Glück!

Nicosia und Umgebung

Die geteilte Hauptstadt ist mehr als nur ein Ausflugsziel. Es lohnt sich, dort länger zu bleiben.

Die personifizierte Freiheit krönt das moderne Denkmal (→ S. 51) auf der Stadtmauer von Nicosia, das die Befreiung des zyprischen Volkes von der britischen Kolonialherrschaft symbolisiert.

Zyperns Hauptstadt liegt im Zentrum der breiten Mesaória-Ebene, die sich von der Mórphou Bay im Westen bis an die Famagusta Bay im Osten quer durch die Insel zieht. Beide zypriotische Gebirge, das Kyrénia-Gebirge im Norden und das Tróodos-Gebirge im Südwesten, sind an den meisten Tagen des Jahres von hier aus deutlich zu sehen.

Die Grenze zwischen Nord-Zypern und der Republik Zypern verläuft nicht nur mitten durch diese Ebene, sondern auch mitten durch die Altstadt von Nicosia. Dank Zyperns EU-Beitritt 2004 bildet sie für Urlauber aber kein Hindernis mehr. Man kann Nicosias zentrale Lage wieder gut für Ausflüge in beide Inselteile nutzen. Ganz besonders bieten sich von hier aus Tagesausflüge in die Vorberge des Tróodos-Gebirges an, wo antike Stätten, byzantinische Klöster und freskengeschmückte Kirchen dem Kulturreisenden viel zu bieten haben.

Nicosia

⇢ S. 115, D 7

207 000 Einwohner
Stadtplan → Umschlagkarte hinten

Noch ist Nicosia die letzte geteilte Hauptstadt auf Erden. Die Griechen nennen sie Lefkoşía, die Türken Lefkoşa. Man kann zwar die Demarkationslinie zwischen Nord und Süd jederzeit überschreiten und braucht dafür nur den Personalausweis – aber man muss dafür immer einen Checkpoint passieren. Bis Anfang April 2008 lag der einzige dieser Übergänge am Rande der Altstadt beim ehemaligen Hotel Ledra Palace. Seit der Öffnung eines Übergangs direkt auf der Ledra Street, der zentralen Einkaufsstraße der Altstadt, wächst Nicosia wieder zusammen. Beide Übergänge sind Fußgängern vorbehalten.

Es lohnt auf jeden Fall, beide Teile der Altstadt zu besuchen. Dabei wird man feststellen, dass Nicosia nicht vergleichbar ist mit Metropolen wie Athen oder Istanbul. Zyperns Hauptstadt wirkt eher wie eine mittlere Provinzhauptstadt. Selbst die Regierungsgebäude sind bescheiden, große Shopping-Komplexe gibt es nicht. Nur die orthodoxe Kirche zeigt im Süden mit dem Palast des Erzbischofs Macht und Reichtum. Viele der historischen Gebäude in beiden Teilen der Altstadt werden gerade erst restauriert – mit Unterstützung der Vereinten Nationen und der Europäischen Union.

Um die Museen und Sehenswürdigkeiten Nicosias zu besichtigen, reichen zwei Tage. Die im Süden sind auf den folgenden Seiten beschrieben, die im Norden auf S. 78–87.

Hotels/andere Unterkünfte

Holiday Inn

⇢ Umschlagkarte hinten, c 5

Zentrumsnah gelegenes Hotel auf der Stadtmauer. Vom Swimmingpool auf dem Dach Blick auf ganz Nicosia.

Régaena Street 70; Tel. 22 71 27 12, Fax 22 67 33 37; www.ichotelsgroup.com; 140 Zimmer ●●●● CREDIT

Centrum

⇢ Umschlagkarte hinten, d 5

Modernes, sehr freundliches Hotel in sehr zentraler Lage.

Pasikrátous Street 15/Ecke Régaena Street; Tel. 22 45 64 44, Fax 22 87 35 60; www.centrumhotel.net; 40 Zimmer ●● CREDIT

Classic

⇢ Umschlagkarte hinten, c 4

Zentrumsnah auf der Stadtmauer gelegen und individuell gestaltet.

Régaena Street 94; Tel. 22 66 40 06, Fax 22 67 00 72; www.classic.com.cy; 57 Zimmer ●● CREDIT

Spaziergang

Ohne Innenbesichtigungen dauert ein Stadtrundgang durch Süd-Nicosia etwa zwei Stunden. Er kann nach dem

Überraschend prunkvoll präsentiert sich die äußerlich eher bescheidene Johannes-Kathedrale (Ágios Yánnis) in ihrem Inneren.

Besuch des **Archäologischen Museums** beginnen. Am **Stadttheater** vorbei führt er zur **Stadtmauer** am **Páphos-Tor.** Links wehen die Flaggen Nord-Zyperns und der Türkei, rechts die Zyperns und Griechenlands, dazwischen die der UNO. Durchs Maronitenviertel gelangt man zurück zur Stadtmauer und dann zur Haupteinkaufsstraße, der Ledra Street mit vielen schicken Geschäften, modernen Cafés und Eissalons. Durch kleine Gassen kommt man an der **Faneroméni-Kirche** und an der **Markthalle** vorbei zum Archbishop Makários Square mit seinen Museen und der **Johannes-Kathedrale.** Vorbei am **Hadschiyorgákis-Haus** und der **Omerye-Moschee** gehen Sie durch Altstadtgassen, in denen noch zahlreiche Handwerker aktiv sind, in die Laikí Yitoniá mit ihren vielen Tavernen.

SEHENSWERTES

Ágios Yánnis

⇢ Umschlagkarte hinten, e 4

Die orthodoxe Kathedrale, in der die Erzbischöfe Zyperns geweiht werden, steht sympathisch klein zwischen dem Neuen und dem Alten Erzbischöflichen Palast vor dem Ikonen-Museum. Im Mittelalter stand an ihrer Stelle die Kirche eines Benediktinerklosters, von dem Reste im Alten Erzbischofspalast verbaut wurden. An der Johannes-Kathedrale selbst erinnern noch ein Relief mit der Kreuzigungsszene und das Wappen der Lusignans über der Westtür daran. Der Glockenturm der Kirche konnte erst 1858 erbaut werden; vorher hatten die Türken das Läuten von Glocken als Konkurrenz zum Gebetsruf des Muezzin untersagt.

Die Johannes-Kathedrale ist vollständig ausgemalt. Rechts vom Thron des Erzbischofs, neben dem ein Ehrensessel für den griechischen Botschafter steht, erzählen vier Bildfelder, wie die Kirche Zyperns im Jahre 431 zur ersten selbstständigen Nationalkirche der Welt wurde. Im Bild links oben tritt der Apostel Barnabas im Traum an Bischof Anthémios heran und erklärt ihm, wo seine Gebeine zu finden seien. Im Feld rechts oben steht der Bischof mit Gefolge vor dem Leichnam des Apostels, der das handgeschriebene Matthäus-Evangelium auf der Brust hält. Links unten übergibt Anthémios dieses Evangelium dem byzantinischen Kaiser Zenon, rechts unten erhält er von ihm die Privilegien rote Tinte, kaiserliches Zepter und den purpurnen Mantel, mit denen die Selbstständigkeit der zypriotischen Kirche besiegelt wurde.

Von den übrigen Wandmalereien, die alle aus der Zeit um 1730 stammen, wurde ein Teil gereinigt und leuchtet jetzt wieder in kräftigen Farben. Dazu gehören die Darstellungen der Kirchenfeste von Mariä Verkündigung bis zur Kreuzigung, deren bewegte Komposition besonders eindrucksvoll ist. Über dem Ausgang ist das Jüngste Gericht dargestellt, rechts davon der Jesse-Baum.

Altstadt, Archbishop Kyprianós Square; Mo–Sa 8–12, Mo–Fr 14–16 Uhr

Faneroméni-Kirche

⇢ Umschlagkarte hinten, d 4

Vor der Apsis dieser 1872 geweihten Kirche steht im Freien ein Mausoleum. Es erinnert an Erzbischof Kyprianos und drei weitere zypriotische Bischöfe, die zusammen mit vielen Priestern im Jahre 1821 hingerichtet wurden. In jenem Jahr begann in Griechenland der Unabhängigkeitskampf gegen die Türken; der gewaltsame Tod der Kirchenmänner sollte die Zyprioten davor abschrecken, sich den Griechen anzuschließen.

Altstadt, Phaneroméni Street; tagsüber meist geöffnet

Freiheitsdenkmal

⇢ Umschlagkarte hinten, f 5

Auf der Stadtmauer von Nicosia erhebt sich gegenüber dem etwa 200 m entfernten, neuen Erzbischöflichen Palast das moderne Befreiungsdenkmal. Die Freiheitsgöttin steht auf einem Gefängnis, dessen Falltor von zwei Befreiungskämpfern geöffnet wird. Heraus treten Männer, Frauen, Kinder, Priester, Fischer und Bauern.

Altstadt, Nikiphóros Phókas Avenue (auf der Stadtmauer); frei zugänglich

Hadschiyorgákis-Haus

⇢ Umschlagkarte hinten, e 5

Während der Türkenherrschaft war ein christlicher Zypriote als Dragoman für die Steuereintreibung bei den Christen verantwortlich. Dass diese Position mit guten Einnahmen verbunden war, zeigt der kleine Palast des Dragomans Hadschiyorgákis Kornésios, den er sich gegen Ende des 18. Jh. errichten ließ. Besonders schön: der Salon.

Patriarch Gregórios Street; Mo 8.30–14, Di, Mi, Fr 8.30–15.30, Do 8.30–17 Uhr

Maroniten-Kirche

⇢ Umschlagkarte hinten, c 4

Auf Zypern leben etwa 7000 Maroniten, die meisten davon im griechisch-zyprischen Teil der Altstadt von Nicosia. Ihre Vorfahren stammen aus dem Libanon. Sie gehören einer im Libanon beheimateten Glaubensgemeinschaft an, die der römisch-katholischen Kirche nahe steht und den Papst als ihr Oberhaupt anerkennt. In den Kaffeehäusern der Maroniten hängen Fahnen des Libanon und die Fotos des Papstes und des libanesischen Präsidenten; die Maroniten selbst aber haben zyprische Pässe und sprechen Griechisch.

Die moderne Kathedrale der Maroniten steht unmittelbar an der Demarkationslinie zwischen dem türkisch- und dem griechisch-zyprischen Teil der Stadt. Im Gegensatz zu orthodoxen Kirchen ist sie sehr schmucklos. Schön sind die modernen Mosaiken, die wie byzantinische Mosaiken wirken, jedoch lateinisch beschriftet sind.

Altstadt, Alexander the Great Street

Omerye-Moschee

⇢ Umschlagkarte hinten, e 5

Das Minarett dieser während der Türkenherrschaft in eine Moschee umgewandelten Augustinerkirche ist eins der Wahrzeichen der Stadt; eine Spende für die syrischen Moslems, die die Moschee jetzt verwalten, wird erwartet.

Altstadt, Trikoúpis Street

Stadtmauer

Die Altstadt von Nicosia wird noch immer ganz von der mächtigen Stadtmauer umschlossen, die die Venezianer unmittelbar vor der türkischen Belagerung (1567–1570) erneuern ließen. Mit ihren elf zackenförmigen Bastionen wirkt sie wie ein Stern. Die alten Tore wurden bis auf eines von den Briten zerstört. Nur die Porta Julia, das heutige Famagusta-Tor, blieb in der historischen Form erhalten.

MUSEEN

Archäologisches Nationalmuseum

····› Umschlagkarte hinten, b 5

In den 15 Sälen des unter britischer Herrschaft 1908 bis 1924 erbauten 4 **Zypern-Museums** sind die interessantesten Funde aus ganz Zypern ausgestellt. Besonders sehenswert:

– eine über 8000 Jahre alte, verzierte Steinschale sowie Halsketten aus Karneol und Röhrenmuscheln, gefunden in Khirokitía (Saal 1)

– 5000 Jahre alte, kreuzförmige Idole aus Steatit, die als Talisman um den Hals getragen wurden, wie an einem Idol ersichtlich (Saal 1)

– drei etwa 4000 Jahre alte Terrakottamodelle. Eines zeigt eine Pflugszene, zwei zeigen kultische Handlungen in Heiligtümern (Saal 2)

– 4000 Jahre alte Keramikgefäße, die aus mehreren Teilen zusammengesetzt sind (Kompositgefäße, Saal 2)

– ein nach unten spitz zulaufendes Gefäß, ein sogenannter Rhyton, aus Fayence, der mit Emaille überzogen ist. Auf diesem einzigartigen Stück aus dem 13. Jh. v. Chr. sind eine Stierjagd sowie fliehende Tiere abgebildet (Saal 3)

– Vasen, bemalt im sogenannten freien Stil (Free-Field-Style) aus dem 7. Jh. v. Chr. Auf hellem Untergrund ist ein an einer Pflanze schnuppernder Stier zu sehen, ein andermal ein fantastischer Vogel, der gerade einen großen Fisch erbeutet hat (Saal 3)

– mehrere hundert Terrakottafiguren aus dem 7. und 6. Jh. v. Chr., zum Teil lebensgroß, von denen viele wie Porträts wirken. Sie wurden alle im Heiligtum von Agía Iríni gefunden. Dort waren sie zum Schutz der dargestellten Personen der Gottheit geweiht (Saal 4)

– Löwenskulpturen aus archaischer Zeit aus dem antiken Tamassós (Saal 5)

– Reliefplatte mit dem Kopf des Dionysos auf der Vorder- und einer erotischen Darstellung auf der Rückseite (Saal 5)

– die Marmorstatue der Aphrodite von Soli aus dem 1. Jh. (Saal 5)

Im Archäologischen Museum kann man die Entwicklung der zyprischen Großplastik von der archaischen Kunst des 7./6. Jahrhunderts v. Chr. bis hin zur Kunst der römischen Kaiserzeit gut verfolgen.

– eine kleine, hervorragend modellierte bronzene Kuh aus dem 5. Jh. v. Chr. (Saal 7)
– die Bronzestatuette eines gehörnten Gottes aus dem 12. Jh. v. Chr., die wahrscheinlich Apollo darstellt; sie wurde in Énkomi bei Sálamis gefunden (Saal 7)
– die Bronzestatuette einer Gottheit mit Helm, Schild und Speer, die auf einem Kupferbarren in Form einer gespannten Ochsenhaut steht, ebenfalls aus dem 12. Jh. v. Chr. (Saal 7)
– Rekonstruktionen von Gräbern von der Steinzeit bis zum 5. Jh. v. Chr. (Saal 8)
– Funde aus einem der Königsgräber von Sálamis aus dem späten 8. Jh. v. Chr. Zu sehen sind die Elfenbeinbeschläge eines Throns und eines Bettes, bronzene Wagenbeschläge sowie ein Bronzekessel mit acht Greifenskulpturen, der auf einem eisernen Dreifuß steht (Saal 11)
– Dioramen, die veranschaulichen, wie Kupfer in der Antike gewonnen und bearbeitet wurde (Saal 12)
– kleine Terrakottafiguren aus dem 6. Jh. v. Chr., die gebärende Frauen darstellen (Saal 14, hinten links)

Neustadt, Museum Street; Di, Mi, Fr 8–16, Di 8–17, Sa 9–16, So 10–13 Uhr

Ikonen-Museum

⇢ Umschlagkarte hinten, e 4

Im modernen Gebäude des **Byzantine Museums**, direkt neben dem neuen Erzbischöflichen Palast, sind über 150 der schönsten und wertvollsten Ikonen Zyperns ausgestellt. Die älteste, ein **Marienbildnis** (Nr. 1), stammt aus dem 8. Jh. und ist noch in enkaustischer Technik gemalt. Dabei wird das mineralische Farbpulver nicht durch Eigelb oder Eiweiß gebunden wie bei der heute noch üblichen Temperamalerei, sondern durch in Meerwasser gekochtes Bienenwachs und ein wenig Harz der Terpentinpistazie. Enkaustische Farben sind nicht mischbar, Farbschattierungen sind nur zu erzielen, indem man winzig kleine Farbtupfer dicht aneinander setzt. Dadurch erinnern enkaustische Ikonen an impressionistische Malerei.

Interessant sind auch die beiden Ikonen der **Maria mit dem Kind** (Nr. 6) und des **Ágios Nikólaos** (Nr. 7) aus dem späten 13. Jh. Sie stammen wahrscheinlich von demselben Maler und belegen deutlich, dass byzantinische Künstler auch für römisch-katholische Auftraggeber gearbeitet haben: Während die Nikolausikone griechisch beschriftet ist, hat die Marienikone eine lateinische Beschriftung. Beide zeigen zudem ein Charakteristikum vieler zypriotischer Ikonen: Die Auftraggeber sind abgebildet. Bei der Marienikone sind es die Dominikanermönche; auf der anderen Ikone ist es ein Ritter mit seiner Gemahlin.

Die Stifterfiguren können viel über die Mode des Mittelalters verraten. Ein anderes Merkmal zyprischer Ikonen wird ebenfalls auf vielen Bildern deutlich: Der Heiligenschein, oft aber auch der Bildhintergrund sind mit einem pflanzenförmigen, übermalten Gipsrelief überzogen.

Die wichtigsten **Stilrichtungen** byzantinischer Malerei sind leicht zu unterscheiden: Der höfische Stil zeichnet sich durch überlange Figuren mit feinen Gliedmaßen und prächtigen Gewändern aus, der asketische Stil durch hagere, strenge Gestalten. Der rustikale Stil ist an den gedrungenen, recht realistisch wirkenden Figuren zu erkennen, die manchmal direkt dem Landleben entsprungen zu sein scheinen. Seit 1992 sind im Museum auch sechs frühchristliche Mosaiken aus dem 5. Jh. zu sehen. Sie stammen aus der Kanakaria-Kirche in Lythrangomi. Dort wurden sie gestohlen und tauchten bei einer Kunsthändlerin in den USA wieder auf. Ein US-Gericht verfügte 1989 die Rückgabe der einzigartigen Kunstwerke an die orthodoxe Kirche Zyperns.

Archbishop Kyprianós Square; Mo–Fr 9–16.30, Sa 9–13 Uhr

Ethnografisches Museum

⇢ Umschlagkarte hinten, e 4

Das volkskundliche Museum ist im Alten Erzbischöflichen Palast, dem ehemaligen Sitz der zypriotischen Erzbischöfe (1730–1960), untergebracht.

Archbishop Kyprianós Square; Mo–Fr 9–14 Uhr

Ledra Museum & Observatorium

⇢ Umschlagkarte hinten, d 5

In der 11. Etage des Hermes-Kaufhauses illustriert ein weitgehend verglaster Raum mit Fotos und Erklärungen vom Tonband die Stadtgeschichte. Ferngläser können ausgeliehen werden. Der Rundum-Blick reicht über die gesamte Stadt bis zu beiden Inselgebirgen.

Arsinoe Street; tgl. 9.30–17 Uhr

Levendis Museum

⇢ Umschlagkarte hinten, d 5

Das Museum zeigt zahlreiche Objekte, Münzen, Kupferstiche, Zeichnungen, Fotos und Dokumente aus der Geschichte der Stadt vom 3. Jahrtausend v. Chr. bis heute.

Hippocrates Street 17 (am Rand der Laikí Yitoniá); Di–So 10–16.30 Uhr

Municipal Arts Centre

⇢ Umschlagkarte hinten, e 4

Interessante Kunstausstellungen zeitgenössischer zyprischer und internationaler Künstler im ehemaligen Elektrizitätswerk der Stadt.

Apostolou Varnava Street 19; Di–Sa 10–15 und 17–23, So 10–16 Uhr

Museum des Befreiungskampfes

⇢ Umschlagkarte hinten, e 4

Fotos, Dokumente, Waffen und ein nachgebauter Galgen erinnern in diesem kleinen **Museum of the Liberation Struggle** an die Zeit zwischen 1955 und 1959. Nichts für Kinder!

Archbishop Kyprianós Square; Mo–Fr 8–14, Do auch 15–17 Uhr

Essen und Trinken

59 Knives

⇢ Umschlagkarte hinten, c 4

Exzellentes, minimalistisch eingerichtetes chinesisch-asiatisches Restaurant im Hotel Classic.

Régaena Street 94 ●●●● CREDIT

Friday's

⇢ Umschlagkarte hinten, c 5

Café, Kneipe, Cocktail-Bar und Restaurant mit Gerichten aus aller Welt

Auch vom griechisch-zyprischen Teil Nicosias aus betrachtet beherrscht die Sophienkathedrale (Selim-Moschee) (→ S. 86) das Stadtbild.

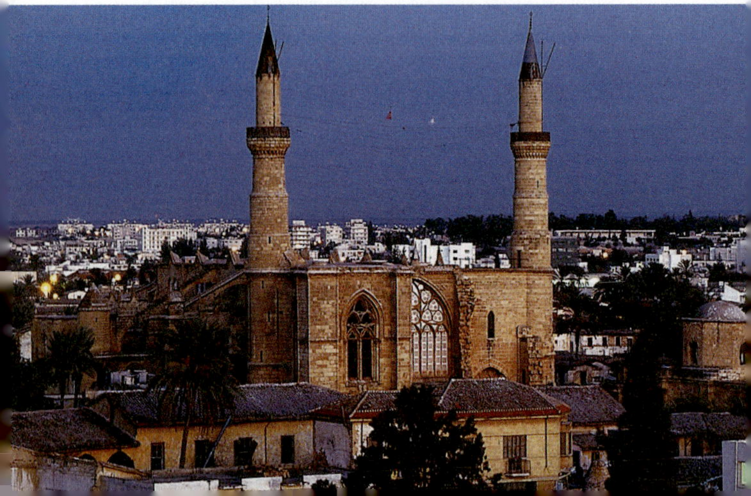

auf zwei Etagen. Verschiedene Fass-Biere. Exzellent die Smoothies, der Long Island Tea und die Spare Ribs.
Diagoroas Street 12, Neustadt ●● CREDIT

Piátsa ⟶ Umschlagkarte hinten, d 5
Die Tische dieser Taverne stehen auf der kleinen Platía der Laikí Yitoniá; zyprische Spezialitäten.
●● CREDIT

To Vyzantinó Paláti
⟶ Umschlagkarte hinten, d 5
Sehr stimmungsvolle Taverne auf zwei Etagen und im Innenhof eines Altstadthauses, das teilweise wie ein Volkskundliches Museum eingerichtet ist. Besonders sehenswert: das historische Schlafzimmer.
Solonos Street (gegenüber vom Hotel Rími) ●● CREDIT

Saint George – O Dímos
⟶ Umschlagkarte hinten, d 4
Sehr einfache Taverne gegenüber der Markthalle, große Auswahl an gekochten Gerichten, gutes Mezé, viel einheimisches Publikum.
Dimarchias Street ●

EINKAUFEN

Haupteinkaufsstraßen
Geschäfte aller Art liegen an der Hauptstraße der Altstadt, der Lédra Street, und in der parallel verlaufenden Onaságoras Street. Konkurrenz entwickelt sich in der Hauptstraße der Neustadt, der Makários Avenue. Viele Souvenirgeschäfte finden Sie in der Laikí Yitoniá, wo es auch einen Laden für Münz- und Briefmarkensammler gibt.

Laikí Yitoniá
⟶ Umschlagkarte hinten, d 5
Während der Rest der Altstadt recht baufällig wirkt, wurde auf einer 2000 qm großen Fläche nahe der Stadtmauer ein Stück Altstadt liebevoll restauriert. Seitdem ist dieses Viertel eine der größten Touristenattraktionen Nicosias. Zahlreiche Tavernen, Souvenirläden und ein staatlicher Kunsthandwerksladen werben um Kunden.
Nördl. der Constantinos Paleológos Avenue, gut ausgeschildert

MERIAN-Tipp

8 Sedir Café
Ein herrlicher Platz, um teilweise vor den Augen der Gäste hausgemachte zypriotische Spezialitäten zu genießen, ist das leider meist nur tagsüber geöffnete kleine Lokal im Innenhof der historischen Karawanserei Büyük Han im Nordteil der Altstadt. Besonders lecker: die Ravioli!
Asmir Alti Sokagi ●
⟶ Umschlagkarte hinten, d 3

Markthalle
⟶ Umschlagkarte hinten, d 4
Gemüse, Fleisch, Fisch, Obst und zyprische Spezialitäten werden in der städtischen Markthalle verkauft. Samstagvormittag findet vor der Markthalle ein großer Markt statt.
Trikoupis/Apostolos Varnavas Street

Wochenmarkt
⟶ Umschlagkarte hinten, e 5
Jeden Mittwochvormittag findet vor der Bairaktar-Moschee ein bunter Obst- und Gemüsemarkt statt.
Constanza-Bastion

AM ABEND

Bastione
⟶ Umschlagkarte hinten, f 4
Café und Piano-Bar neben dem Famagusta-Tor auf der Stadtmauer, Treffpunkt von Yuppies und Schickeria. Moderne Kunst an den Wänden.
Nikiforos Phokas Ave.

Cream Extreme
⟶ Umschlagkarte hinten, d 6
Die größte und lauteste aller Discos der Stadt mit dem jüngsten Publikum.
Stasinos Street 10 (Neustadt)

Theatro Ena

⇢ Umschlagkarte hinten, f 3

Kleines Privattheater. Gezeigt werden vor allem moderne Stücke.

Athena Avenue 4 (Stadtmauer)

Tzellári

⇢ Umschlagkarte hinten, d 5

Pub-ähnliches Lokal in alten Gewölben, in dem Lieder zum Zuhören gespielt sowie Gegrilltes und Getränke, auch Mezé, serviert werden.

Koráis Street 25; tgl. ab 21 Uhr ●●●

Xefóto

⇢ Umschlagkarte hinten, d 5

Taverne im restaurierten Altstadtviertel, abends ab ca. 20 Uhr häufig griechische Musik und internationale Tanzmusik live, auch Plätze draußen.

Laikí Yitoniá ●●

MERIAN-Tipp

9 Omeriye Bath

Im 2003 bis 2005 völlig restaurierten türkischen Hamam aus dem 16. Jh. wird mehr als nur ein türkisches Dampfbad geboten. Auch verschiedene Wellness-Massagen klassischer und moderner Art stehen zur Auswahl. Montags finden von 11 bis 17 Uhr Führungen statt, an den anderen Tagen ist das Bad wechselweise von 9 bis 21 Uhr für den Bade- und Wellnessbetrieb geöffnet.

Tyrillías Square; Tel. 22 46 05 70

⇢ Umschlagkarte hinten, d 4

Service

Auskunft

⇢ Umschlagkarte hinten, d 5

Tourist Information Office

Laikí Yitoniá; Tel. 22 67 42 64

Verkehrsmittel

Alle Sehenswürdigkeiten liegen nahe beieinander, sodass Sie die städtischen Linienbusse (durch Teile der Altstadt fährt die Linie 1) nicht in Anspruch zu nehmen brauchen. Für Fahrten in die Neustadt nimmt man am besten ein Taxi.

Es gibt werktags gute direkte Busverbindungen. Diese bestehen u. a. nach Lárnaca und Limassol (ab Sólomos Square) sowie nach Kakopetría am nördlichen Rand des Tróodos-Gebirges (Station ca. 200 m östlich des Eleftherías Square).

In den verwinkelten Altstadtgassen der Inselmetropole Nicosia findet man noch viele traditionelle Handwerksbetriebe.

Ziele in der Umgebung

Asinoú

→ S. 113, F 2

Das unscheinbare, einsam in der Berglandschaft stehende kleine Kirchlein 5 der **Panagía Phorviótissa** ist das kunsthistorisch wohl bedeutendste Gotteshaus der Insel. Zunächst wirkt es wie eine kleine Kapelle mit einfachem Satteldach. Bei genauem Hinsehen erkennt man die Apsis und am westlichen Ende der Südwand eine weitere apsidiale Ausbuchtung, die zum Narthex, dem Vorraum der Kirche, gehört. Dass es sich bei diesem Narthex um einen späteren Anbau handelt, macht die Form des Mauerwerks deutlich. Das einfache Mauerwerk dieser Kirche, die einst zu einem Kloster gehörte, von dem nicht einmal kleine Überreste blieben, war den Mönchen wohl nicht schön genug. Deswegen haben sie die Mauer verputzt und in den Putz waagerechte und senkrechte Linien eingeritzt. Das erweckte aus der Ferne den Eindruck, als sei die Kirche aus mächtigen, regelmäßigen Steinblöcken erbaut. Reste dieser trickreichen Arbeit sehen Sie noch am südöstlichen Ende des Gemäuers. Dass die Kirche zumindest teilweise auch außen mit **Wandmalereien** versehen war, beweisen die Reste links von der Nordtür. Spätestens hier sollten Sie auch einen Blick unters **Ziegeldach** werfen. Man erkennt, dass es nicht das ursprüngliche Dach dieser Kirche ist. Das bestand, wie in Byzanz üblich, aus einem Tonnengewölbe und einer Kuppel, die noch deutlich erhalten sind. Erst durch die Kreuzritter kam man später auf die Idee, die Kirche durch ein wetterfestes Ziegeldach zusätzlich zu schützen.

Der Eindruck ist überwältigend, wenn Sie die Panagía Phorviótissa betreten. Die Kirche ist vollständig und lückenlos ausgemalt. An mehreren Stellen wurden alte **Fresken** noch einmal überputzt und übermalt. Die ältesten Malereien stammen aus dem Erbauungsjahr der Kirche; eine Inschrift über der Südtür nennt 1105/1106. Gegen Ende des 12. Jh. wurde dann der Narthex angefügt; 1333 die zweite Schicht der Malereien geschaffen; um 1620 wurden einige Fresken farblich aufgefrischt. Aus

Die ältesten der farbintensiven Fresken von Asinoú stammen bereits aus dem frühen 12. Jahrhundert – doch sie sind hervorragend erhalten geblieben.

dem frühen 12. Jh. stammen u. a. die Darstellung des Marientods, der Verkündigung, der Geburt Mariens und Christi Himmelfahrt, die alle zu den Meisterwerken byzantinischer Kunst zu zählen sind.

Besichtigung: Die Kirche liegt 4 km südlich des Dorfes Nikitári, 11 km südlich der Hauptstraße von Nicosia ins Tróodos-Gebirge. Die Kirche ist tagsüber meist geöffnet. Sollte sie verschlossen sein, frage man im Kaffeehaus des Dorfes Nikitári nach dem Schlüssel.

45 km südwestl. von Nicosia

Galáta-Kakopetriá

S. 113, E 2

Das Doppeldorf an der Hauptstraße von Nicosia ins Tróodos-Gebirge liegt im äußerst fruchtbaren Tal des Karyotis, der ganzjährig Wasser führt, inmitten von Pappeln und Obstbäumen. Der alte Ortskern von Kakopetriá steht schon lange unter Denkmalschutz. In Galáta steht noch etwa ein halbes Dutzend spätmittelalterlicher Kirchen und Kapellen mit dem ziegelgedeckten Satteldach. Ein Besuch folgender Kirchen lohnt sich:

Die ehemalige Klosterkirche **Ágios Nikólaos tis Stégis** liegt 5 km nordöstlich von Kakopetriá unterhalb des Olymp. Die Kreuzkuppelkirche stammt aus dem 11. Jh. Im 12. Jh. wurden ein Narthex und noch etwas später ein Satteldach zugefügt. Ein Teil der Wandmalereien stammen aus dem 11. Jh., z. B. die Erweckung des Lazarus, Christi Verkündigung und der Einzug in Jerusalem. Weitere Fresken stammen aus dem frühen 12. Jh., der Zeit um 1300 und – wie Christus als Pantokrator in der Kuppel – um 1350. Die Kirche ist an Wochentagen von 9 bis 16 Uhr geöffnet, sonntags von 9.30 bis 16 Uhr.

Die Kirche **Panagía Podhítou** aus dem Jahre 1502 ist an drei Seiten von einem Umgang eingefasst, der vom tief herabgezogenen Ziegeldach der Kirche mit überdeckt wird. Darum konnten sich hier auch die Wandmalereien an der westlichen Außenwand der Kirche erhalten: Christi Abstieg in den Hades, das Stifterbildnis, Maria und Christus. Im Inneren der Kirche sind die Wandmalereien nur noch teilweise erhalten. Sie sehen im Westgiebel die Kreuzigung; im Ostgiebel Moses beim Empfang der Zehn Gebote und vor dem brennenden Dornbusch. In der Apsis sind Maria zwischen den Erzengeln und die Apostelkommunion dargestellt: Christus teilt auf der einen Seite eines Altars Brot an sechs seiner Jünger aus, auf der anderen Seite Wein. Alle Malereien zeigen einen deutlichen Einfluss der italienischen Renaissance, der mit der venezianischen Herrschaft über Zypern nach 1489 verstärkt auf der Insel anzutreffen ist. Den Schlüssel verwahrt einer der Wirte der Kaffeehäuser am Dorfplatz von Galáta.

51 bis 55 km südwestl. von Nicosia

Macherás

S. 116, BC 9

Das noch immer von Mönchen bewohnte Kloster liegt in etwa 700 m Höhe am Hang des Berges Kiónia. Kirche und Klostergebäude wurden bereits nach einem Brand von 1892 neu erbaut. Szenen aus der wechselhaften Geschichte des 1192 gegründeten Klosters zeigen die modernen Mosaike zu beiden Seiten der Kirchentür. In einer Klosterzelle im Erdgeschoss sind Erinnerungsstücke an Grigóris Afxéntiou ausgestellt. Er kämpfte gegen die Briten und hielt sich 1957 für einige Zeit im Kloster versteckt. Als die Briten davon erfuhren, verbarrikadierte er sich in einer Grotte unterhalb des Klosters (heute Gedenkstätte), in der ihn die Briten lebendig verbrannten.

Die Mönche schätzen ihre Ruhe und sehen Besucher nur ungern.

Zutritt nur Mo, Di, Do 9–12 Uhr;
33 km südl. von Nicosia

Peristeróna

S. 114, B 7

Das große Dorf nahe der Hauptstraße von Nicosia ins Tróodos-Gebirge bietet einen schönen Anblick: Am Ufer des Flussbetts stehen nahe beieinander das Minarett einer Moschee und der Turm einer Kirche. Die Kirche des hl. Hilarion und Barnabas mit den fünf Kuppeln stammt wahrscheinlich aus dem 10. Jh. Der Schlüssel zur Kirche wird Ihnen im Kaffeehaus am Kirchplatz ausgehändigt.

30 km südwestl. von Nicosia

Phikárdou

S. 116, B 9

Das Bergdorf, das man auf der Rückfahrt vom Kloster Macherás nach Nicosia besuchen kann, steht unter Denkmalschutz. Hier kann man sehr gut sehen, wie zyprische Dörfer bis in die Fünfzigerjahre hinein aussahen. Die Häuser sind fast alle aus Lehmziegeln erbaut und mit Tonziegeln gedeckt; zwei von ihnen können heute als Museen besichtigt werden (Juni–Aug. tgl. 9–17 Uhr, Sept.–Mai Di–Fr 9–16, Sa 9–15.30, So 10.30–14 Uhr).

Sehr urig ist auch die kleine Taverne Yannákos gleich neben der Scheunendachkirche am Dorfeingang.

40 km südwestl. von Nicosia

Tamássos

S. 116, C 9

Dort, wo heute das kleine Dorf Politikó mit einem typischen Kaffeehaus ist, lag in der ersten Hälfte des 1. Jahrtausends v. Chr. eines der mächtigsten zyprischen Stadtkönigtümer. Sein Reichtum beruhte auf den nahe gelegenen Kupferminen. Erhalten blieben aus jener Zeit nur Grundmauern und zwei so genannte »Königsgräber« (7. Jh. v. Chr.). Auffällig ist, dass hier anscheinend eine ehemalige Holzarchitektur in Stein nachgearbeitet wurde: Die Gräber, die in die Erde hineingebaut wurden, haben Decken aus Kalksteinplatten und imitieren ganz offensichtlich die Bauten der Lebenden (Besichtigung Di–Fr 9–15, Sa und So 10–15 Uhr, Juni–Aug. tgl. 9.30–17 Uhr).

Auf der anderen Seite des Dorfes Politikó leben seit 1962 wieder Nonnen im Kloster Ágios Iraklídios. In der Doppelkirche aus dem 14./15. Jh. über einer frühchristlichen Basilika wird die Schädelreliquie des zypriotischen Begleiters der Apostel Paulus und Barnabas verehrt. In der benachbarten Kreuzkuppelkirche aus dem 13. Jh. führen steile Treppen hinunter in ein unterirdisches Grab, das als das des hl. Iraklídios verehrt wird. Bemerkenswert ist eine Ikone, die eine stillende Gottesmutter zeigt. Die Nonnen pflegen den Klostergarten und stellen Marzipan her, das im Innenhof verkauft wird. Die Besichtigung ist von Sonnenauf- bis Sonnenuntergang möglich.

22 km südl. von Nicosia

In schöner Eintracht stehen die Kirche und die Moschee von Peristeróna am Ufer eines fast immer wasserlosen Flusses nebeneinander.

Páphos und der Westen

In Aphrodites Reich sind die Winter mild, die Berge sanft und die Mosaike einzigartig schön.

Die prächtigen Königsgräber von Páphos (→ S. 64) zählen zu den bedeutendsten Sehenswürdigkeiten der Insel.

Der Westen Zyperns gilt als Heimat der antiken Liebesgöttin Aphrodite. Hier betrat sie erstmals menschlichen Boden, stand ihr bedeutendster Tempel. Am Rande der noch weitgehend naturbelassenen Halbinsel Akámas traf sie sich mit ihren Liebhabern zum Stelldichein. Auch eine andere Gottheit ist in dieser Inselregion allgegenwärtig: Diónysos, der Gott des Weins. Prächtige Mosaike huldigen ihm in Páphos, in weiten Teilen des Binnenlands wird sein Geschenk an die Menschen, die Weintraube, angebaut.

Páphos

⇢ S. 112, B 3-4

48 000 Einwohner
Stadtplan → S. 63

Páphos ist die ländlichste aller Städte an der Südküste und wurde touristisch erst nach dem Bau des Flughafens Mitte der Achtzigerjahre erschlossen. Im Hintergrund der durch künstliche Bewässerung besonders fruchtbaren Küstenebene erheben sich sanfte Hügel; die Winter sind hier besonders mild. Deswegen gedeihen auf zahlreichen Plantagen neben Tabak und Erdnüssen auch afrikanische Bananen, die wegen ihres besonders intensiven Geschmacks hoch geschätzt werden.

Sehr reizvoll an Páphos ist das Nebeneinander von Bauten aus der Antike, dem Mittelalter und der jüngsten Zeit. Der idyllische Fischerhafen ist landseitig von Festungen, Mosaiken, mittelalterlichen Kirchen und den Grundmauern frühchristlicher Basiliken umgeben.

Geschäftshäuser, Gästeunterkünfte und die schlichten Wohnhäuser der Einheimischen stehen hier einträchtig nebeneinander; christliche Kirchen, islamische Kuppelbauten und antike Ruinen verleihen dem Stadtbild von Páphos zusätzlich ein abwechslungsreiches und stilvolles Ambiente.

Während sich das Leben der Urlauber überwiegend am Meer in Káto Páphos abspielt, sind die Einheimischen in Ktíma, der Oberstadt 2 km vom Meer entfernt, noch fast unter sich. Während drunten die Geschäfte an den breiten Straßen überwiegend Souvenirs anbieten, gibt es in den Läden der Altstadt vor allem Waren des täglichen Bedarfs.

In den Kaffeehäusern in der Oberstadt warten mittags die Bauern auf die Abfahrt ihrer Dorfbusse. Am Rande des kleinen Stadtparks stehen klassizistische Gebäude aus der Kolonialzeit. Die großen Lagerhallen und die Weinkellerei beweisen, dass der Tourismus nicht die einzige Einnahmequelle ist.

Die Stadt wurde um 320 v. Chr. als Néa Páphos gegründet. Bis dahin lag das Zentrum des Stadtkönigtums von Páphos im Gebiet des heutigen Dorfes Koúklia auf einem Hügel über der Küstenebene. Wahrscheinlich wollte König Nikókles durch die Verlegung der Stadt wirtschaftliche Vorteile erringen.

Von seiner Entscheidung profitierten die Ptolemäer, die schon kurz darauf ganz Zypern unterwarfen und Néa Páphos zu ihrer Verwaltungshauptstadt machten. Auch die Römer regierten die Insel von hier aus, war Páphos doch der Italien am nächsten gelegene Hafen.

Seit der Gründung im Jahre 320 v. Chr. und insbesondere in römischer Zeit lebte Néa Páphos vor allem davon, dass zahlreiche Pilger das **Aphrodite-Heiligtum** von Alt-Páphos (Paléo Páphos) besuchten. Sie zogen von hier aus durch einen heiligen Hain, von dem der Ortsname Yeroskípos (yéros = heilig, kypos = Garten) zeugt, zu jener Kultstätte, in der schon seit dem dritten Jahrtausend v. Chr. eine Fruchtbarkeitsgöttin verehrt wurde. Sie wurde unter dem Einfluss der Griechen zur Aphrodite.

Hotels/andere Unterkünfte

Annabelle → S. 63, b 4
Luxushotel mit fantastisch schönem Garten und Fitness-, Kur- und Wassersportzentrum. Zimmer zur Straßenseite hin können laut sein.
Poseidon Avenue; Tel. 26 23 83 33, Fax 26 24 55 02; www.thanoshotels.com; 198 Zimmer ●●●● CREDIT

Alexander the Great → S. 63, b 4
2003 renoviertes Hotel, direkt am Meer im Hotelviertel von Káto Páphos.
Tel. 26 96 50 00, Fax 26 96 51 00; www.kanikahotels.com; 202 Zimmer ●●● CREDIT

Dionysos Central → S. 63, b 4
Familiäres Hotel im Hotelviertel von Káto Páphos.
Dionysos Street 1; Tel. 26 23 34 14, Fax 26 23 39 08; www.dionysoshotel paphos.com; 94 Zimmer ●●● MASTER VISA

Agápinor → S. 63, b 2
Modernes, zentral gelegenes Hotel mit Pool in der Oberstadt.
Nikodimos Mylonas Street 24–28; Tel. 26 93 39 26, Fax 26 93 53 08; www.agapinorhotel.com.cy; 70 Zimmer ●● MASTER VISA

Kiniras → S. 63, b 1
Stimmungsvolles Altstadthotel mit Deutsch sprechendem Inhaber; exzellentes Restaurant im Innenhof.
Makários Street 91; Tel. 26 24 16 04, Fax 26 24 21 76; www.kiniras.cy.net; 18 Zimmer ●● MASTER VISA

Spaziergang

Ein Gang durch das antike und mittelalterliche Páphos beginnt am **Fischerhafen.** Am großen Parkplatz liegt das Eingangstor zum **Archäologischen Park** mit seinen **Mosaiken.**

Nach deren Besichtigung wendet man sich dem **Odeon** zu und steigt des guten Rundumblicks wegen einmal kurz zum **Leuchtturm** hinauf. Am Rande der antiken **Agorá** entlang geht es weiter zur **Festung Saránda Kolónnes** und dann zurück zum Fischerhafen mit dem **Hafenkastell.** Ein breiter, gepflasterter Weg führt von dort immer am Meeresufer entlang zu den **Königsgräbern.** Von dort aus kann man mit dem Stadtbus zum **Hafen** zurückkehren oder in die **Oberstadt Ktíma** weiterfahren. Für diesen Spaziergang sollten Sie sich mindestens vier Stunden Zeit nehmen.

Sehenswertes

Agía Kyriakí → S. 63, b 3
Die schlichte Kreuzkuppelkirche aus dem späten 16. Jh. steht auf den Überresten einer großen, fünfschiffigen frühchristlichen Basilika, von der zahlreiche Säulen und Mosaikfußböden erhalten sind.

Nordwestlich der Kirche sieht man die Ruinen einer gotischen Franziskanerkirche aus der Kreuzritterzeit. Nördlich der neuen Straße stehen vor den Ruinen dieser gotischen Kirche noch einige Säulenreste, wovon einer deutlich abgeschliffen ist. Dies soll die Paulussäule sein, an der der Apostel bei seinem Aufenthalt in Páphos ausgepeitscht wurde.
Kirche tagsüber zugänglich, Ausgrabungsgelände tgl. 8–17, Mai–Sept. 19 Uhr

Agía Solomoní → S. 63, a 3
Eine Akazie, an deren Ästen Tücher und Stofffetzen festgeknotet sind, weist auf den Eingang zur kleinen Höhlenkirche der hl. Solomoní hin. Ursprünglich handelte es sich bei der Anlage um ein ptolemäisches Kammergrab. Verehrt wird hier eine Heilige aus vorchristlicher Zeit, eine Jüdin, die nach einem Bericht des Alten Testaments bei Judenverfolgungen im Jahre 168 zusammen mit ihren Söhnen ums Leben kam.
Apóstolos Pavlos Avenue; ständig zugänglich

Archäologischer Park → S. 63, a 3
Einige der bedeutendsten archäologischen Stätten, nämlich die Mosaiken, das Odeon und die Festung Saránda

Kolónes, sind zu einem Archäologischen Park zusammengefasst.
Eingang am Hafen; Juni–Aug. tgl. 8–19.30, sonst tgl. 8–17 Uhr

Hafenkastell S. 63, a 4
An der Hafenmole von Páphos erhebt sich ein sehr gut erhaltenes Fort, in dem heute ein Museum untergebracht ist. Es wurde 1582 von den Türken erbaut. Zuvor schon hatte an dieser Stelle eine 1222 als Ersatz für das vom Erdbeben zerstörte Fort Saránda Kolónes erbaute Kreuzritterfestung gestanden, von der geringfügige Reste noch am äußeren Ende der Hafenmole zu erkennen sind.
Mai–Sept. tgl. 8–19.30, sonst 8–17 Uhr

Königsgräber S. 63, a 1

Nahe dem Meer, nordwestlich des Hafens an der Straße nach Coral Bay, liegen prächtige Gräber von Wohlhabenden und Mächtigen des 3. Jh. v. Chr. Von den Wohnhäusern jener Zeit blieb nahezu nichts erhalten, doch die Grabarchitektur verrät auch einiges über die Häuser; z. B. die beiden Peristylgräber. Aus dem Fels gehauene Stufen führen hinunter in einen Innenhof, der von dorischen Säulen und Pfeilern umstanden ist. Der Felsrand darüber ist sorgfältig bearbeitet und wirkt wie ein dorisches Gebälk: über einem glatten Streifen, dem Architrav, ein weiterer Streifen, der sich in eine Reihe von glatten Feldern (Metopen) gliedert, die durch steinerne Stäbe (Triglyphen) voneinander getrennt sind. Peristylhöfe bildeten wohl auch das Zentrum ptolemäischer Wohnhäuser. Hier in den Gräbern gehen vom Innenhof Grabkammern ab. Die Gräber wurden bis in römische Zeiten hinein genutzt. Später hat man dann auch noch kleinere Bestattungsnischen in die Felswände gehauen, sogenannte Loculi.

Das an die beiden genannten Peristylgräber anschließende Grab besitzt zwar ebenfalls einen Innenhof. Er ist aber weitgehend von einem Felsblock ausgefüllt, in den Grabkammern sowie Stufen eingehauen wurden, die zu einem eindrucksvollen Brunnen hinunterführen.

Juni–Aug. tgl. 8–19.30, sonst tgl. 8–17 Uhr

Leuchtturm S. 63, a 3

Auf dem niedrigen Hügel der antiken Akropolis oberhalb des Odéon steht seit der britischen Kolonialzeit ein kleiner Leuchtturm. Von dort hat man einen schönen Überblick über das antike und das moderne Páphos.

Mosaiken S. 63, a 3

Die berühmten Mosaiken von Páphos wurden erst 1962 und 1983 zufällig bei Baggerarbeiten entdeckt. Sie bedecken die Böden in mehreren römischen Villen, die nur noch in Grundmauern erhalten sind und dicht beieinander im Nordwesten des Hafens stehen. Die heutigen Namen vergaben die Archäologen nach den Motiven der Mosaiken.

Haus des Aeon

Die Mosaiken stammen aus der zweiten Hälfte des 4. Jh., in der das Christentum schon zahlreiche Anhänger in Páphos hatte. Die Themen dieser Mosaiken entstammen noch der antiken Mythologie, die barocke Art der Darstellung, die nackte Üppigkeit der weiblichen Gestalten und die Bewegtheit der Handlungen stehen im deutlichen Gegensatz zur byzantinischen Kunst. Im rechten oberen Bildfeld aber ist schon deutlich eine Wechselbeziehung zu erkennen: Hermes hält den neugeborenen Gott Dionysos auf dem Schoß wie später Maria das Christuskind, zwei Nymphen bereiten ein Wasserbecken wie zur Taufe vor. Einige der Götter tragen Heiligenscheine wie später die Heiligen der christlichen Kirche. 6

Haus des Dionysos

In der größten der drei Villen sind die meisten Mosaiken zu sehen. Sie stammen aus dem frühen 3. Jh. und stehen noch ganz und gar in der Tradition der Klassik. Ihre Themen entstammen zumeist der **Mythologie** und stellen hier wiederum bevorzugt mehr oder weniger glückliche Liebschaften dar: Zeus und Ganymed, Narziss und sein Spiegelbild, Pyramos und Thisbe, Dionysos und die Nymphe Akme, Poseidon und Amymone, Peneios, Apoll und Daphne, Hippolytos und Phädra. Ein zweiter Themenkreis rankt sich um den **Wein.** Zu sehen sind Szenen einer Weinlese, der Triumphzug des Dionysos, der ja als Gott des Weinbaus und leidenschaftlicher Weintrinker galt, und die ersten Weintrinker der Menschheitsgeschichte. Um den Atriumhof der Villa verläuft auf drei Seiten ein Mosaikband mit zahlreichen **Tierdarstellungen**, darunter auch ein zyprisches Mufflon. Andere Räume waren mit geometrischen **Bodenmosaiken** geschmückt, die durch ihre subtile Vielfarbigkeit und ihre räumliche Tiefenwirkung beeindrucken. Insgesamt sind diese qualitativ überdurchschnittlichen Mosaiken Ausdruck des Lebensgefühls der römischen Oberschicht.

Haus des Theseus

Die beiden Mosaiken stammen aus verschiedenen Epochen. Das kreisförmige Mosaik des Theseus entstand im späten 3. Jh., das des Achill im frühen 5. Jh., als das Christentum schon Staatsreligion war.

Das **Theseus-Mosaik** ist nicht nur wegen der Schönheit seiner Farben und Formen, sondern auch wegen seiner auf wenige Elemente konzentrierten Aussagekraft von Interesse. Theseus steht in der Mitte eines runden Bildfeldes und kämpft gegen den Minotauros. Rechts über ihm personifiziert eine gekrönte Frau die Insel Kreta als Schauplatz des Geschehens. Links unten stellt ein Mann den Schauplatz noch detaillierter dar: das Labyrinth. Es ist zugleich bildhaft in den geometrischen Linien der Mosaikumrandung veranschaulicht. Links oben ist Ariadne zu sehen, die Theseus einerseits durch den »Ariadne-Faden« den Rückweg aus dem Labyrinth ermöglicht, andererseits auf die Zukunft verweist, weil Theseus mit ihr später gen Naxos davonsegelt.

Das **Achilles-Mosaik** aus der Zeit des endgültigen Übergangs vom Heiden- zum Christentum beweist, dass der Bruch mit der Antike nicht abrupt war. Das Thema entstammt eindeutig der heidnischen Mythologie. Die Darstellung selbst aber wirkt wie eine Vorwegnahme des Motivs der ersten Waschung Christi in den byzantinischen Wandmalereien und den Ikonen von Christi Geburt.

Im Archäologischen Park

Odéon → S. 63, a 3

Das Zentrum jeder römischen Provinzstadt war die Agorá, ein von Säulenhallen umstandener Marktplatz. Um ihn herum gruppierten sich die wichtigsten öffentlichen Gebäude. In Páphos ist die einst 95 x 95 m große

Die berühmten Mosaiken von Páphos erzählen Geschichten voller Dramatik und Lebenslust.

Agorá rechts des Zugangs vom Parkplatz zum Odéon kaum noch zu erkennen. Linker Hand zeugen hier noch einige Steine von einem dem Heilgott Äskulap geweihten Heiligtum. Das Odéon selbst, im frühen 2. Jh. in den Osthang der damaligen Akropolis hineingebaut, ist hingegen zur Hälfte rekonstruiert worden. Der Leuchtturm dahinter stammt aus britischer Zeit. Heute werden hier manchmal Theater- und Tanzaufführungen veranstaltet.

Im Archäologischen Park

Saránda Kolónes ···> S. 63, a 3

Nur etwa 200 m oberhalb des Fischereihafens liegen an der Zufahrtsstraße zu den Mosaiken die eindrucksvollen Ruinen einer Kreuzfahrerfestung. Ihren Namen, der »40 Säulen« bedeutet, hat sie, weil die Lusignans zu ihrem Bau zahlreiche Säulen und Säulenteile von der römischen Agorá (z. B. als Türschwellen und Einfassungen von Futterkrippen für Pferde) verwendeten. Die Burg wurde 1192 in aller Eile errichtet und schon 30 Jahre später nach einem Erdbeben wieder aufgegeben. Deutlich zu erkennen ist noch der Grundriss: Vor einer Außenmauer mit vier Rundtürmen an den Ecken lag ein Burggraben. Nahezu den gesamten Innenraum nahm ein mächtiger Bergfried ein, der an allen vier Ecken von rechteckigen Türmen flankiert war.

Im Archäologischen Park

Museen

Archäologisches Museum ···> S. 63, c 2

Von allen Bezirksmuseen der Insel ist das von Páphos das interessanteste. Die Objekte in den vier Sälen sind chronologisch geordnet. Ausgestellt sind u. a. 40 bis 50 cm hohe römische Marmorstatuen, die im Haus des Theseus gefunden wurden und Gottheiten wie Äskulap und Aphrodite darstellen, goldene Ohrringe mit kleinen geflügelten Wesen als Anhängern, schöne römische Glasfläschchen, die in vielen Farbtönen schimmern, Keramik aus der Kreuzritterzeit und ein italienischer Renaissance-Baldachin aus der gotischen Franziskanerkirche von Páphos. Einzigartig ist ein tönernes Wärmflaschensystem. Es besteht aus mehreren Teilen, die der Körperform des Besitzers angepasst waren. Damit konnte sich der rheumakranke Römer nicht nur Brust, Rücken, Hände, Füße und Knie wärmen, sondern auch seine intimsten Körperteile.

Grívas Avenue; Di, Mi, Fr 8–15, Do 8–17, Sa 9–15 Uhr

Byzantinisches Museum ···> S. 63, b 2

Das kleine bischöfliche Museum besitzt zahlreiche schöne Ikonen aus dem 12. bis 18. Jh. sowie liturgische Geräte und Gewänder. Bei einem Besuch sollte man auf Parallelen zwischen den antiken Mosaiken und der christlichen Kunst achten.

Andrea Ioannou Street (am Stadtpark ausgeschildert); Mo–Fr 9–16, Sa 9–13 Uhr

Museum des zypriotischen Kulturlebens ···> S. 63, b 2

Ein privates volkskundliches Museum im Wohnhaus eines Deutsch sprechenden Professors birgt eine liebevoll vorgestellte Sammlung von Trachten, land- und hauswirtschaftlichen Geräten, Kunsthandwerk und archäologischen Objekten.

Éxo Vrysi Street 1; Mo–Sa 9–18, So 9–13 Uhr

Essen und Trinken

Amore ···> S. 63, b 4

Open-Air-Restaurant direkt vor dem Hotel Dionysos. Mittags täglich wechselndes Tellergericht zum günstigen Preis, abends Pizza- und Pastabuffet, das inklusive Salat und Dessert unter 12 Euro kostet.

Dionysos Street 1; tgl. ab 10 Uhr ●●

MASTER VISA

To Ellinikón ···> S. 63, b 1

Gepflegte Taverne mit kretischem Koch; riesige Auswahl, mehrmals wöchentlich abends griechische Livemusik (dann nur Mezé-Essen möglich).

Vótsi Street 8–10; Mo–Sa ab 8 Uhr ●●

MASTER VISA

Soli Aepia ···> S. 63, b 1

Einfache Taverne in der Oberstadt mit Panoramablick von der großen Aussichtsterrasse gleich neben den Markthallen. Eine Spezialität des Hauses ist die gebratene Lammleber.

Palat Piasa Street 1; tgl. ab 7 Uhr ●

Einkaufen

Die meisten Souvenirgeschäfte liegen im Hotelviertel von Káto Páphos; die Einheimischen kaufen in der Makários Avenue und deren Seitengassen in der Oberstadt ein, wo es viele kleine Läden gibt. Nicht entgehen lassen sollten Sie sich einen Besuch des Samstagmarktes in der Oberstadt rund um die Markthalle.

Am Abend

Demókritos → S. 63, b 4
Die klassische Folklore-Taverne der Stadt, jeden Abend ab ca. 21 Uhr umfangreiches Programm.
Ágios Antónios Steet 1; tgl. ab 19 Uhr
●● MASTER VISA

Káto Páphos → S. 63, a 4
Der Treffpunkt schlechthin ist der Fischerhafen mit seinen zahlreichen Cafés, Restaurants und Pubs auf der Uferstraße.

Rainbow Disco → S. 63, b 3
Die bekannteste Disco der Stadt, täglich ab Mitternacht geöffnet. Star-DJs aus England als Sommergäste, überwiegend Garage, House, R'n'B.
Ayios Antonios Street

Service

Auskunft → S. 63, b 2
Tourist Information Office
Odós Gladstone 3; Tel. 26 93 28 41

Verkehrsmittel
Städtische Busse verbinden tagsüber (außer sonntags) die Hotelstadt mit der Oberstadt. Eine weitere Buslinie führt von den Hotels östlich der Stadt durch das Hotelviertel zum Hafen und weiter bis zu den Königsgräbern und zur Badebucht Coral Bay. Busverbindungen bestehen außerdem mehrmals täglich zum Kloster Ágios Neóphytos, nach Pégia, Yeroskípos, Limassol, Nicosia und Pólis.

Ziele in der Umgebung

Ágios Geórgios

→ S. 112, A 3

Hoch über dem kleinen Fischerhafen steht am Rande der Steilküste die moderne Kirche des hl. Georg. Nur wenige Schritte entfernt wurden die Überreste zweier frühchristlicher Basiliken aus dem 6. Jh. mit gut erhaltenen Tiermosaiken freigelegt.

»Zusammen sind wir stark!« – Beim Netzeflicken packen Fischer und Fischerfrauen gemeinsam an.

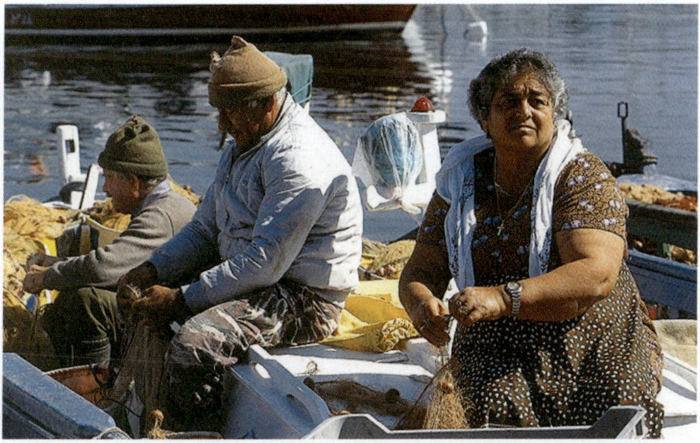

Juni–Aug. tgl. 8.30–18, sonst Di–Sa 10–15.45 Uhr; 20 km nördl. von Páphos

Ágios Neóphytos

→ S. 112, B 3

In einem Tal, auf drei Seiten von Berghängen umschlossen, befindet sich der eindrucksvolle Bau des Neóphytos-Klosters. Die **Klosterkirche** aus dem 16. Jh. birgt die Reliquien des Heiligen, der sich im Jahre 1159 als Eremit in diesem Tal niedergelassen hatte und hier bis 1214 lebte. Er baute eine kleine Höhle in der Felswand westlich des Klosters zu einer Zelle und einer Höhlenkirche aus und schuf aus dem Fels einen Tisch, eine Liege und einen Hocker sowie seine eigene Grabstätte.

Noch zu seinen Lebzeiten malten zwei Maler die Höhlenkirche aus. Die **Malereien,** zum Teil in einem mönchisch-asketischen, zum Teil in einem höfisch-verfeinerten Stil, sind hervorragend erhalten. Eine Szene zeigt den Heiligen zwischen zwei Engeln auf dem Weg in den Himmel, eine Inschrift drückt den Wunsch des Neóphytos aus, dass diese Darstellung Wirklichkeit werde. Die andere Szene zeigt ihn klein zu Füßen des Throns Christi kniend, der von Maria und Johannes dem Täufer flankiert wird; auf einer gemalten Schriftrolle ist das Gebet des Neóphytos zu lesen, mit dem er Christus um Gnade bittet.

April–Okt. tgl. 9–12 und 14–16, sonst 9–16 Uhr; 8 km nordöstl. von Páphos

Aphrodite-Felsen

→ S. 112, C 4

Auf dem Weg von Páphos nach Limassol führt die Straße nur einmal unmittelbar ans Meer. Hier liegen direkt am Ufer mehrere große Felsen im Wasser. An dieser Stelle, **Pétra tou Romioú** genannt, soll der Legende nach die Göttin Aphrodite erstmals irdischen Boden betreten haben. Himmel und Erde, von den Griechen Uranos und Gaia genannt, hatten schon viele Kinder gezeugt, doch Vater Uranos hielt sie alle tief im Innern der Erde verborgen. Gaia sann auf Rache und schmiedete eine Sichel. Ihr Sohn Kronos erklärte sich bereit, damit den Vater zu entmannen. Sein Glied fiel ins Meer, Schaum bildete sich, aus

Beim Aphrodite-Felsen an der Südküste soll die »Schaumgeborene« an Land gegangen sein – verständlich, ist dies doch einer der naturbelassensten Abschnitte an Zyperns langer Küste.

dem Aphrodite erwuchs. Sie trieb lange übers Meer und erreichte schließlich Zypern. Eros geleitete sie hier zu einer neuen Göttergeneration hinauf, die ihr den Schutz der Liebenden als vornehmste Aufgabe übertrug. Die Bucht liegt nahe der Steilküste und ist landschaftlich sehr schön. Das Baden ist jedoch wegen gefährlicher Unterströmungen riskant.
22 km südöstl. von Páphos

Bad der Aphrodite

→ S. 112, A 1-2

Ein kleiner Quellteich, **Loutrá Aphrodítis** genannt, in einem üppig grünen Tal unweit der Nordküste gilt als der lauschige Ort, an dem Aphrodite süße Stunden mit ihrem irdischen Geliebten Akamas verbracht haben soll. Am Quellteich beginnen zwei schöne Naturlehrpfade über die Akámas-Halbinsel (Rundgang je 3 Std.); wenige Schritte in Richtung Meer steht eine Taverne mit schattiger Terrasse; von hier Zugang zu einem Strand mit farbigen Kieselsteinen.
40 km nördl. von Páphos

Chrissoroyiátissa-Kloster

→ S. 112, C 3

In den westlichen Ausläufern des Tróodos steht inmitten von Weingärten auf 1130 m Höhe ein altertümlich wirkendes Kloster, dessen Gebäude größtenteils aus dem 18. Jh. stammen. Gegründet wurde es schon 1152, nachdem Einsiedler in der Nähe eine angeblich vom Evangelisten Lukas gemalte Marienikone gefunden hatten. Sie hängt heute noch, völlig mit getriebenem Kupferblech beschlagen, an der Ikonostase und gilt als wundertätig.

Am blumenreichen Innenhof des Klosters liegen Werkstätten, in denen der Abt des Klosters wertvolle alte Ikonen restauriert, sowie ein kleiner Laden, in dem Sie die hervorragenden, vom Kloster produzierten Weine kaufen können. Vormittags darf auch die Weinkellerei besichtigt werden. Wenn geöffnet, schenkt die Klostertaverne vor der Klosterpforte diesen Wein aus; von der schattigen Terrasse aus reicht der Blick weit über die Hügel im Westen und aufs benachbarte Dorf Panagía.
36 km nördl. von Páphos

Coral Bay

→ S. 112, AB 3

Die schönste Badebucht in der Nähe von Páphos ist im Sommer leider sehr stark frequentiert und hat durch den Neubau mehrerer Großhotels viel von ihrer einstigen Attraktivität verloren. Zumindest ein einmaliger Besuch aber lohnt, zumal auf der Halbinsel nördlich der Bucht die Paleókastro-Maa genannten Ausgrabungen einer spätbronzezeitlichen Siedlung zu sehen sind. Linienbusverkehr.
Ausgrabungen Mo–Sa 10–16 Uhr;
12 km nördl. von Páphos

Koúklia

→ S. 112, C 4

Vom einst berühmtesten Aphrodite-Heiligtum der Antike in Paléo Páphos auf dem Gebiet des heutigen Dorfes Koúklia sind noch unscheinbare Reste erhalten. Dort, wo sich einst das Allerheiligste befand, stehen senkrechte große Steine mit rätselhaften Löchern, nördlich davon die Reste eines Tores und dreier Säulenhallen im großen Innenhof, unter einem Schutzdach am Fundort des Originals eine Kopie des berühmten Mosaiks von Leda mit dem Schwan; das Original selbst kann im Museum in der benachbarten **Festung Covocle** bewundert werden.

In der Festung Covocle, deren Kern aus der Kreuzritterzeit stammt (am besten erhalten die gotische Halle für die Verwaltung der mittelalterlichen Zuckerrohrplantagen der Umgebung), ist in einem der Ausstellungsräume auch ein großer, dunkler Stein zu sehen, der einst im Heiligtum höchste Verehrung genoss. Er war das eigentliche Kultobjekt, das die Kräfte der Göttin symbolisierte. Interessant sind auch die trichterförmigen Tongefäße, in denen im Mittelalter der Rohrzucker zum Zuckerhut kristallisierte.

Tgl. 8–16 Uhr; 16 km südwestl. von Páphos

Panagía

S. 112, C 3

Das noch recht ursprüngliche Dorf ist der Geburtsort von Erzbischof Makários III. Sein Geburtshaus kann besichtigt werden. Schlüssel im Makários Centre an der Hauptstraße (tgl. 9–13 und 14–16 Uhr).

33 km nordöstl. von Páphos

Pólis

S. 112, B 2

Die Kleinstadt an der Nordküste ist der zyprische Urlaubsort mit dem meisten griechischen Flair. In der Nähe steht das Anassa, das luxuriöseste Hotel der Insel (→ MERIAN-Tipp, S. 13). Das Archäologische Museum an der Hauptstraße (Juni–Aug. Di, Mi, Fr 8–15, Do 8–17, Sa 9–15 Uhr; sonst Mo–Fr 8–14, Do auch 15–18, Sa 9–17 Uhr) zeigt Funde aus den antiken Königreichen Marion und Arsinoe.

Baden kann man entweder am Kiesstrand unterhalb des großen Eukalyptuswaldes, in dem auch der Campingplatz des Ortes liegt, oder an den Kies-Sand-Stränden zwischen Pólis und dem benachbarten kleinen Fischerhafen Latchí.

33 km nördl. von Páphos

Yeroskípos

S. 112, B 3

Das große Dorf – inzwischen mit Páphos zusammengewachsen – ist vor allem für sein »Loukoúmia« bekannt, eine köstliche Art von Geleefrüchten. Im Zentrum des Dorfes steht eine der ältesten Kirchen der Insel (9. oder 10. Jh.). Die sechs einfachen Kuppeln wirken archaisch wie kein anderes Kirchendach auf der Insel. Im Innern des Gotteshauses sind Wandmalereien aus dem 10., 12. und 15. Jh. erhalten. Nur ein paar Schritte gen Osten und durch einen Wegweiser von der Hauptstraße aus markiert, ist in einem 200 Jahre alten Haus das **Volkskundliche Museum** untergebracht.

Mo–Fr 9–14.30 Uhr

Unzählige Pilger strömten im griechischen Altertum zum berühmten Heiligtum der Aphrodite in Paléo Páphos (→ S. 61), wo geheimnisvolle Zeremonien zu Ehren der Göttin durchgeführt wurden. Heute ist nur noch wenig von der Tempelanlage erhalten.

Tróodos-Gebirge

Erst im Gebirge zeigt sich Zyperns ganze Vielfalt. Selbst im Hochsommer kann man hier wandern.

Der heutige Luftkurort Páno Plátres im Tróodos-Gebirge war schon bei den britischen Kolonialherren beliebt – hier stand sozusagen die Wiege des Zypern-Tourismus.

Tróodos-Gebirge

→ S. 113, DE 2-3

Zypern, eine der waldreichsten Inseln im Mittelmeer, wird zu einem Fünftel von Bäumen bedeckt. Die Wälder konzentrieren sich vor allem auf das Tróodos-Gebirge, das 80 km lang und 60 km breit einen Großteil der westlichen Inselhälfte einnimmt. Westlich der Mesaória reicht es von der Nordküste bis fast unmittelbar an die Südküste heran, im Nordosten fällt es zur Mesaória hin ab. Der höchste Berg des Tróodos und ganz Zyperns ist der Ólympos mit 1951 m.

In Höhenlagen von 1000 m und mehr wächst hier noch ein ausgezeichneter Wein, viele Dörfer im Tróodos sind Winzerdörfer. In geschützten Tälern gedeihen Obst und Nüsse.

Vom Tourismus geprägt sind bisher nur wenige Orte wie Páno Plátres und Tróodos; vor allem in den Dörfern des östlichen Tróodos geht das Leben seinen seit Jahrzehnten üblichen Gang. Kaffeehäuser und Tavernen sind einfach und preiswert, zu Festen wie Hochzeiten und Taufen werden zufällig des Weges kommende Fremde noch häufig eingeladen.

Völlig unvermutet stößt man in einsamen Tälern auf Klöster und mittelalterliche Kirchen, die wegen ihrer Architektur und ihrer Fresken zum UNESCO-Weltkulturerbe der Menschheit gehören.

Hotels/andere Unterkünfte

Forest Park → S. 113, E 3
Traditionsreiches Berghotel im Kolonialstil mit eigenem Park und Pool.
Páno Plátres; Tel. 25 42 17 51, Fax 25 42 18 75; www.forestparkhotel.com.cy; 137 Zimmer ●●● MASTER VISA

Jack's → S. 113, E 2
Modernes Hotel im Dorfzentrum.
Pedoulás; Tel. 22 95 23 50, Fax 22 95 28 17; 20 Zimmer ●● MASTER VISA

Edelweiss → S. 113, E 3
Familiär geführtes Hotel.
Páno Plátres; Tel. 25 42 13 35, Fax 25 42 20 60; www.edelweisshotel.com.cy; 22 Zimmer ● MASTER VISA

Vláchos → S. 113, F 2
Einfaches, sehr ordentliches Hotel in einem geschäftigen Bergdorf.
Agrós; Tel. 25 52 13 30, Fax 25 52 18 90; 18 Zimmer ● MASTER VISA

Aussichtspunkte

Ólympos → S. 113, E 2
Zyperns höchster Berg (1951 m) hat den gleichen Namen wie der höchste Berg Griechenlands, der in der Antike als Sitz der Götter galt. Zyperns Olymp ist heute ein Standort moderner Elektronik. Die beiden Gipfel dürfen nicht betreten werden.

Thróni → S. 113, D 2
Der etwa 1300 m hohe Berg oberhalb des Kýkko-Klosters ist ein Wallfahrtsziel der Zyprioten. Auf dem Gipfel steht nicht nur eine kleine, moderne Kapelle mit einer neuen Mosaikikone der Gottesmutter von Kýkko, hier oben ist auch Erzbischof Makários III. begraben. Seine letzte Ruhestatt hat er selbst bestimmt: eine kleine Grotte, in der jetzt ständig zwei Soldaten die Ehrenwache halten.

Dörfer

Ómodos → S. 113, E 3
Das Weinbauerndorf in 750 m Höhe besitzt einen der schönsten Dorfplätze im Tróodos. Unter Maulbeerbäumen sitzt man auf der Platía vor Kaffeehäusern und dem Eingang zum Heiligkreuzkloster, das nicht mehr bewohnt wird. Im Zentrum sind eine jahrhundertealte Weinpresse und mehrere traditionell eingerichtete Wohnhäuser zu besichtigen. Im Dorf verkauft ein Glasbläser seine Werke.

Páno Plátres → S. 113, E 3
Schon während der britischen Kolonialzeit war Páno Plátres wegen der

angenehmen Temperatur in 1200 m Höhe eine beliebte Sommerfrische für Offiziere und angelsächsische Verwaltungsbeamte. Heute stehen hier zahlreiche Hotels und Villen reicher Zyprer, Russen und Araber. In den Sommermonaten flanieren verschleierte Frauen mit ihren Kindern durch die Straßen, am Pool des Hotels Forest Park tummeln sich Touristen. Auch während der Skisaison im Januar und Februar herrscht in Páno Plátres Hochsaison. An lauen Juli- und Augustabenden wird in vielen Gartenlokalen gegrillt, in der nur tagsüber geöffneten Waldtaverne Psiló Déndro am Ortsrand schmecken die Forellen aus eigener Zucht besonders gut.

Pedoulás → S. 113, E 2

Das 1100 m hoch gelegene Dorf im Marathása-Tal – berühmt wegen seiner Kirschbäume – ist vor einigen Jahrzehnten dem Wellblechrausch verfallen. Fast alle Häuser sind mit diesem hässlichen Material gedeckt. Die Gassen des Dorfes sind dagegen noch recht ursprünglich. Es lohnt sich, von der Durchgangsstraße zur großen, neuen Dorfkirche hinunterzulaufen und von dort aus noch ein paar Schritte weiter abwärts zu gehen bis zur Scheunendachkirche des hl. Michael. Die gut erhaltenen Fresken stammen aus dem Jahre 1474 (Schlüssel im ersten Haus oberhalb der Kirche).

Phiní → S. 113, E 3

Das Dorf in 850 m Höhe nahe bei Páno Plátres war bis vor wenigen Jahren ein Zentrum der zyprischen Töpferei. Heute erinnern daran nur noch zwei kleine Töpfereien sowie ein schönes Museum unmittelbar neben der Platía mit ihren ursprünglichen Kaffeehäusern. Ein Spaziergang durch das blumenreiche Dorf ist lohnenswert; ausgezeichnetes Essen serviert die kleine Taverne Phiní (•) an der Hauptstraße des Dorfes.

Pródromos → S. 113, E 2

Zyperns höchstgelegenes ständig bewohntes Dorf (1400 m) ist nach Johannes dem Täufer benannt. Der markante, große Bau des schon lange leer stehenden Hotels Berengaria, das bald restauriert werden soll, ist von vielen Wegen und Straßen im Tróodos-Gebirge aus als Orientierungspunkt zu erkennen.

Tróodos → S. 113, E 2

Die kleine, in 1700 m Höhe gelegene Siedlung, bestehend aus kleinen Tavernen, einer Tankstelle, einem Postamt und Verkaufsständen, lebt für den Fremdenverkehr. Sie ist ein guter Ausgangspunkt für Wanderungen auf Naturlehrpfaden um den Olymp und vorbei an den Caledonia-Wasserfällen zum Luftkurort Páno Plátres. Am Ortsrand kann man Pferde leihen und Tennis spielen.

Kirchen und Klöster

Ágios Yánnis Lampadistís → S. 113, E 2

Unterhalb des Dorfes Kalopanayótis steht am Marathása-Bach das nur noch als Museum dienende, gut erhaltene Kloster des hl. Johannes Lampadistís, eines zyprischen Lokalheiligen. Die ehemaligen Klosterräume sind heute ein kleines volkskundliches Museum. Die Klosterkirche besteht eigentlich aus drei Kirchen, die alle ausgemalt sind. Man betritt zunächst die Kreuzkuppelkirche aus dem 11. Jh., an die sich eine Kapelle mit Tonnengewölbe anschließt, die im 18. Jh. erneuert wurde. Beiden Kirchen gemeinsam vorgelagert ist ein Narthex, eine Art Vorhalle, aus dem 15. Jh. Nördlich schließt sich an diese orthodoxe Doppelkirche noch eine einst römisch-katholische Kapelle aus dem 15. Jh. an, deren Malereien sich deutlich von der byzantinischen Malerei im Narthex unterscheiden – der Maler hatte sein Handwerk ganz offensichtlich in Europa erlernt.

Mo–Sa 9–12 und 14–16 Uhr

Kýkko-Kloster → S. 113, D 2

Zyperns wohlhabendstes Kloster liegt weitab jeder Ortschaft 1140 m hoch im westlichen Tróodos. Reichtum und Ruhm gründen sich auf eine **Marienikone.** Sie soll nicht nur vom Evangelisten Lukas gemalt worden sein, sondern noch dazu auf einem Holzbrett, das Lukas vom Erzengel Gabriel eigens für diesen Zweck überreicht bekommen hatte. Diese Ikone bewirkte seit der Klostergründung um das Jahr 1100 unzählige Wunder. Als Dank spendeten die Gläubigen Ländereien, Ikonen, Edelmetall und Geld, das die Mönche im letzten Jahrhundert u. a. in die KEO-Brauerei, die KEO-Weinkellereien, in Hotels und viele andere Betriebe investiert haben.

Die **Klostergebäude** stammen alle aus den letzten zwei Jahrhunderten, nachdem ein Brand im Jahre 1813 das frühere Kloster zerstört hatte. Seit der Unabhängigkeit und dem Bau einer guten Asphaltstraße ist beim Kloster eine richtige Siedlung entstanden. Es gibt einen Supermarkt, Souvenir- und Verpflegungsstände, ein riesiges Restaurant und Gästehäuser, in denen über 500 einheimische Pilger übernachten können. Die Innenhöfe des Klosters wurden in den Achtzigerjahren mit künstlerisch unbefriedigenden, dafür aber goldglänzenden Mosaiken geschmückt, die Klosterkirche wurde im traditionellen Stil vollständig ausgemalt. Das aus den edelsten und teuersten Materialien errichtete neue Klostermuseum birgt Kunstschätze von unermesslichem Wert.

Geöffnet von Sonnenauf- bis Sonnenuntergang

Panagía tou Arákou → S. 116, A 9

Die über 800 Jahre alte Kirche am Ortsrand von Lagouderá im östlichen Tróodos ist wegen ihres tief herabgezogenen Ziegeldachs und ihres ebenfalls überdeckten Umgangs besonders schön. Die Fresken im Inneren sind 1192 datiert. Sie gehören zu den

Die knorrigen, zerzausten Bäume im Tróodos-Gebirge erzählen von Naturgewalten.

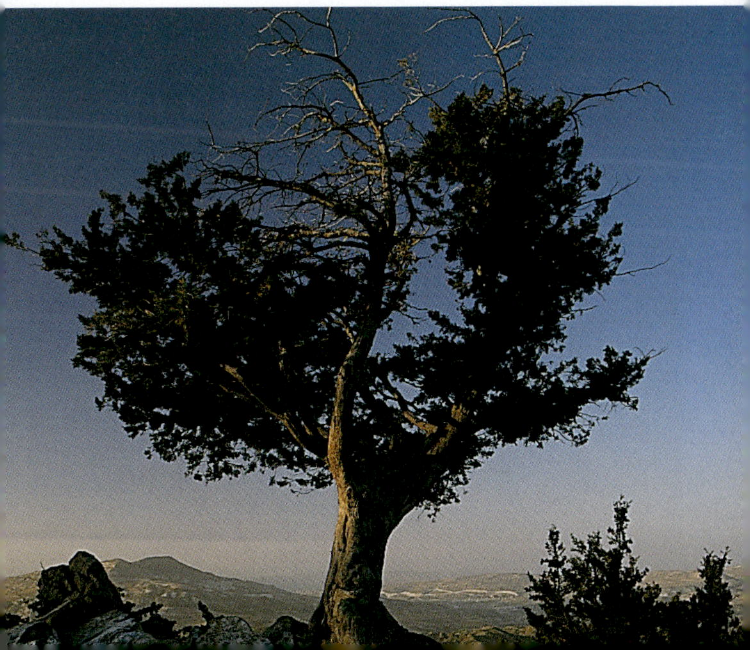

besten Beispielen höfischer Malerei jener Zeit, die ganz offensichtlich von einem in Byzanz ausgebildeten Maler geschaffen wurden.

Den Schlüssel zur Kirche hat der Dorfpfarrer, der sich meist in einem ehemaligen Klostertrakt unmittelbar neben der Kirche aufhält.

Stavrós tou Agiasmáti ---> S. 116, A 9

Fernab jeder Siedlung steht diese Scheunendachkirche, die einst zu einem inzwischen völlig verschwundenen Kloster gehörte. Bau und Malereien stammen aus dem 15. Jh. Von besonderem Interesse sind die Bildfelder in einer Nische in der linken Kirchenwand, die die Geschichte der Auffindung des wahren Kreuzes Christi durch die hl. Helena erzählen. Der Schlüsselverwalter wohnt im 5 km entfernten Dorf Platanistássa.

Leider haben in den letzten Jahren einige Touristen mit dem Gürtel Unfug getrieben und sich über den Aberglauben der Mönche lustig gemacht: Deswegen ist das Kloster zurzeit für Ausländer nicht mehr zugänglich.

Landschaften

Stavrós tis Psókas ---> S. 112, C 2

In einem waldreichen Tal im westlichen Tróodos steht das Forstamt, das sämtliche Wälder in diesem zum Bezirk Páphos gehörenden Teil des Tróodos verwaltet. In einem weitläufigen Gehege werden Mufflons gehalten, in der Nähe des Forstamts ist ein großer Picknickplatz mit fest installierten Grills angelegt. Holzkohle und Fleisch müssen natürlich mitgebracht werden.

Tal der Zedern ---> S. 113, D 2

Die zyprische Zeder ist eine Unterart der Libanon-Zeder, deren Holz jahrtausendelang vor allem für den Schiff-

Kýkko (→ S. 75), das reichste Kloster Zyperns, prunkt mit goldglänzenden Mosaiken unter eindrucksvollen Arkadengängen. Viele Gläubige bedanken sich für ein »Wunder« mit großzügigen Schenkungen.

Außergewöhnlich ausdrucksvoll: Die Fresken in der Kirche Panagía tou Arákou – die am besten erhaltenen aus mittelbyzantinischer Zeit – tragen das UNESCO-Prädikat »Weltkulturerbe«.

bau begehrt war. Anfang des letzten Jahrhunderts waren die Zedernwälder der Insel fast völlig abgeholzt. Die Briten pflanzten darum im westlichen Tróodos fast 40 000 neue Zedern, die inzwischen stattliche Größe erreicht haben. Den besten Blick auf den Zedernwald hat man auf dem Weg zum Berg Trípylos.

Essen und Trinken

Línos ···> S. 113, E 2
Exzellentes Restaurant in einem denkmalgeschützten Haus im alten Ortszentrum.
Kakopetriá ●● MASTER VISA

Harry's Spring Water ···> S. 113, E 2
Urige Dorftaverne mit seltenen Spezialitäten wie Lammleber und Lammkopf; auch frische Forellen.
An der ersten ausgeschilderten kleinen Straße, die hinter Pródromos nach Pedoulás abzweigt ●

Am Abend

Im Tróodos geht man früh schlafen. Nur in Páno Plátres sind während der Hauptsaison im Sommer und im Winter einige Bars geöffnet, die sich teilweise auch übertrieben »Diskotheken« nennen.

Service

Auskunft ···> S. 113, E 3
Während der Saison ist an der Platía von Páno Plátres zeitweise ein kleines Informationsbüro geöffnet.

Verkehrsmittel
Ins Tróodos-Gebirge fahren keine Service-Taxis. Linienbusse verkehren nur zwischen Kakopetriá und Nicosia sowie zwischen Limassol und Páno Plátres, Tróodos und Phiní. Viele andere Dörfer im Gebirge haben einen eigenen Dorfbus, der allerdings morgens aus den Dörfern in die Städte Nicosia und Limassol fährt und abends wieder zurück.

Nord-Zypern

Der relativ unbekannte Norden der Insel verführt durch die reizvollen Gegensätze der Landschaften.

Von der ehemaligen Kreuzritterfestung Ágios Hilarion (→ S. 80) blickt man aus 700 Metern Höhe auf das an der Nordküste gelegene Kyrénia, auf Türkisch Girne genannt.

In Nord-Zypern liegen Landschaften, die im Süden ihresgleichen suchen. So das **Kyrénia-Gebirge**, über 100 km lang, aber nur wenige Kilometer breit, dessen bis zu 1026 m hohe Gipfel bizarre Formen bilden und im Gegensatz zum Tróodos alpin anmuten. So die schmale Küstenebene im Norden mit ausgedehnten Orangen- und Zitronenhainen vor der imposanten Kulisse der Berge. So auch die Kárpass-Halbinsel mit ihrem sanften Hügelland und riesigen Dünenfeldern von beeindruckender Höhe. Famagusta und Kyrénia sind zwei der historisch interessantesten Städte der Insel. Wegen der unübertroffenen Anzahl historischer Bauten gleicht **Famagusta/Gazimağusa** einem ausgedehnten Freilichtmuseum; **Kyrénia/Girne** gilt seiner Lage wegen unumstritten als schönste Stadt der Insel. Und im Norden von Nicosia kann sich erst der Eindruck vervollständigen, den man vielleicht schon im Süden von der Inselhauptstadt gewonnen hat.

Famagusta war im Mittelalter Zyperns wohlhabendste Stadt; hier gibt es mehr gotische Kirchen und Kirchenruinen als Moscheen. Die Ausgrabungen von **Sálamis** sind die eindrucksvollsten ganz Zyperns, und im Kyrénia-Gebirge stehen die drei wichtigsten Kreuzritterburgen der Insel. Die sehr gut erhaltenen Ruinen des Klosters von **Bellapais/Beylerbeyi** sind ein Meisterwerk gotischer Baukunst, und in Nord-Nicosia dient, ebenso wie in Famagusta, eine der beiden gotischen Krönungskathedralen aus der Zeit der Lusignans jetzt als Moschee. Wer über die Flughäfen von Lárnaca und Páphos oder über die Häfen von Limassol und Lárnaca nach Zypern eingereist ist, kann Nord-Zypern vom Süden aus problemlos besuchen. Auch Übernachtungen in Nord-Zypern sind seit Mai 2004 wieder gestattet. Für den »Grenzübertritt« benötigen EU-Bürger nur den Personalausweis. Der Grenzübertritt ist zu Fuß oder mit dem Taxi möglich; Reiseveranstalter bieten auch Tagesausflüge nach Nord-Zypern an. Wer von Lárnaca direkt in ein Hotel in Nord-Zypern fahren will, kann sich vom nord-zpyrischen Hotelier ein nord-zyprisches Taxi dorthin schicken lassen oder ad hoc ein griechisch-zyprisches Taxi in den Norden nehmen. Mit Mietwagen kann man die Demarkationslinie nur nach vorheriger Einwilligung des Autovermieters überqueren. Am Grenzübergang muss dann eine Zusatz-Haftpflichtversicherung für den Norden abgeschlossen werden.

Für den Übergang zwischen dem nördlichen und südlichen Teil Zyperns standen bei Redaktionsschluss im April 2008 sechs Checkpoints zur Verfügung. Fußgängern und Radfahrern vorbehalten sind die beiden Übergänge im Zentrum von Nicosia: der eine auf der Haupteinkaufsstraße Ledra Street (⇢ Umschlagkarte hinten, d 4) und der andere außerhalb der Stadtmauern am Altstadtrand beim ehemaligen Hotel Ledra Palace (⇢ Umschlagkarte hinten, b 2). Beim letzteren warten auf beiden Seiten Taxis für Gäste, die weiterfahren wollen. Vier weitere, auch für Fahrzeuge aller Art geöffnete Übergänge liegen in Nicosias Vorort Ágios Dométios (⇢ S. 115, D 7), in Pérgamos bei Lárnaca (⇢ S. 118, C 15), nahe Vrysoúles bei Famagusta (⇢ S. 119, D 15) und bei Astromerítis (⇢ S. 114, B 7).

Als siebter Checkpoint wird voraussichtlich ein auch für Kraftfahrzeuge geöffneter Übergang zwischen Káto Pýrgos und Limnítis/Günebakan (⇢ S. 113, D 1) im Westen der Nordküste eingerichtet werden.

Offizielles Zahlungsmittel in Nord-Zypern ist zwar die Neue Türkische Lira (YTL), doch wird der Euro ebenfalls überall gern entgegengenommen.

Ágios Hilarion/ St. Hilarion

→ S. 115, D 6

Am Ende einer kleinen Hochebene, die die Türken als Schießübungsplatz nutzen, ragt ein Felskegel auf, auf dem eine der drei Kreuzritterburgen der Nordküste steht. Die Burgmauer von **St. Hilarion** ist noch gut erhalten, ebenso das Wohngebäude mit seinem hölzernen Balkon, der die Aussicht freigibt auf Kyrénia, die Küstenebene und weitere Wehrbauten auf dem Gipfel des Berges. Die Burg, 725 m hoch gelegen, ist nach einem Einsiedler benannt, dem die Byzantiner an dieser Stelle im 10. Jh. ein Kloster weihten, das sie dann ein Jahrhundert später in eine Burg umwandelten. Die Lusignans bauten diese Burg aus. Die Venezianer hielten sie wie die beiden anderen Burgen, Kantara und Buffavento, für militärisch überflüssig und gaben sie auf.

Okt.–April tgl. 9–16.30, Mai–Sept. tgl. 9–18 Uhr

Barnabas-Kloster/ St. Barnabas

→ S. 119, D 14

Nordwestlich von Salamis steht neben der Straße das Barnabas-Kloster, das jetzt als Archäologisches und Ikonen-Museum dient. Wandmalereien aus diesem Jahrhundert zeigen in der Johannes-Kathedrale von Nicosia die Geschichte der Auffindung der Gebeine des Apostels. Über seinem Grab wurde 100 m östlich des Klosters eine moderne Kapelle errichtet.

Tgl. 8–17.30 Uhr

Bellapais/ Beylerbeyi

→ S. 115, D 6

Das kleine Bergdorf wurde durch den britischen Schriftsteller Lawrence Durrell weltberühmt, der hier Anfang der 1950er-Jahre einige Zeit wohnte. Er schrieb in seinem Buch »Bittere Limonen« auch vom Baum des Müßiggangs, einem Maulbeerbaum auf der kleinen Platía vor dem Kloster. Der Originalbaum steht zwar nicht mehr, aber wer unter dem »Ersatzbaum« sitzt, versteht, was Durrell meinte: Die Atmosphäre ist hier einzigartig, der Anblick der gotischen Gemäuer vor der Kulisse von Bergen und Meer unvergleichlich – es fällt schwer, wieder aufzustehen. Das Kloster wurde Anfang des 13. Jh. gegründet. Die Klosterkirche stammt aus dem späten 13. Jh., die übrigen Gebäude – darunter die Keller, das bestens erhaltene Refektorium und das jetzt dachlose Kapitelhaus – aus der ersten Hälfte des 14. Jh.

Mai–Sept. tgl. 9–19 Uhr, Okt.–April tgl. 9–16.45 Uhr

Hotels/andere Unterkünfte

Ambelia Tourist Village

Eine dorfähnliche Bungalowanlage mit Restaurant und ganzjährig nutzbarem Pool in einem alten, üppigen Garten. Etwa 15 Gehminuten oberhalb der Klosterruine, Mietwagenbuchung empfehlenswert. Außer Studios für bis zu vier Personen werden auch Minivillen für bis zu sechs Personen angeboten.

Am oberen Dorfrand; Tel. 8 15 36 55, Fax 8 15 77 01; www.cyprus-ambelia.com

● MASTER VISA

Essen und Trinken

Kybele

Stilvolles Restaurant am Rande des Klostergartens, einzigartiger Blick auf das Kloster und die Küstenebene.

Tgl. ab 10 Uhr ●● MASTER VISA

Tree of Idleness

Das Restaurant mit dem schönen Namen »Baum des Müßiggangs« unmittelbar gegenüber dem Kloster ist für sein türkisch-zypriotisches Mezé, das »Full Kebab«, bekannt.

Tel. 8 15 33 80; www.treeofidleness.com; tgl. ab 12 Uhr ●● MASTER VISA

Famagusta/ Ammóchostos/ Gazimağusa

S. 119, E 15

Durch die Altstadtgassen von Famagusta weht noch immer ein linder Hauch von Orient. Innerhalb der venezianischen Stadtmauern gibt es kleine türkische Häuser, nur wenige Autos, öde Plätze mit Ruinen gotischer Gotteshäuser und leidlich gut erhaltenen byzantinischen Kapellen. Auf den Türmen der gotischen Kathedrale, die jetzt als Moschee dient, weht die türkische Flagge. Hektik gibt es in diesem alten Teil der Stadt nicht, der in den letzten Jahren mit finanzieller Hilfe der EU zumindest im Zentrum teilweise restauriert wurde. Im frisch gepflasterten Innenhof des alten venezianischen Palastes, dessen Mauern nachts angestrahlt werden, parken endlich keine Autos mehr. Die Markt- und Lagerhallen gleich neben der Kathedrale haben sich in ein angesagtes Café- und Restaurantviertel verwandelt. Neues Leben zieht in die alte Stadt ein, die im 13. und 14. Jh. zu den reichsten Metropolen der Welt zählte. Kaufleute erbauten mit den Gewinnen aus den Schiffsfrachten prächtige Kirchen, schenkten ihren Töchtern zur Hochzeit Juwelen, um die man sie an jedem europäischen Hof beneidet hätte. Famagusta war für den christlichen Westen die letzte Station auf dem Weg in die sagenhafte Welt des Orients, Umschlagplatz für Seide und Gewürze, Gold und Edelsteine. Die Schiffe islamischer Händler brachten diese Waren nach Famagusta, christliche Kaufleute kauften sie hier ein und belieferten damit die Märkte Europas.

1571 setzen die Türken diesem Wohlleben ein Ende. Obwohl die Venezianer noch kurz zuvor die Stadtmauern modernisiert und erhöht hatten, fiel die Stadt nach zehnmonatiger Belagerung und heftigem Beschuss. Famagusta war fortan tiefste Provinz. Erst während der britischen Kolonialzeit und dann insbesondere in den ersten 14 Jahren nach der Unabhängigkeit gewann der Hafen wie-

Weit auseinander stehende Johannisbrotbäume prägen die Küstenlandschaft zwischen Kyrénia/Girne und der Karpass-Halbinsel.

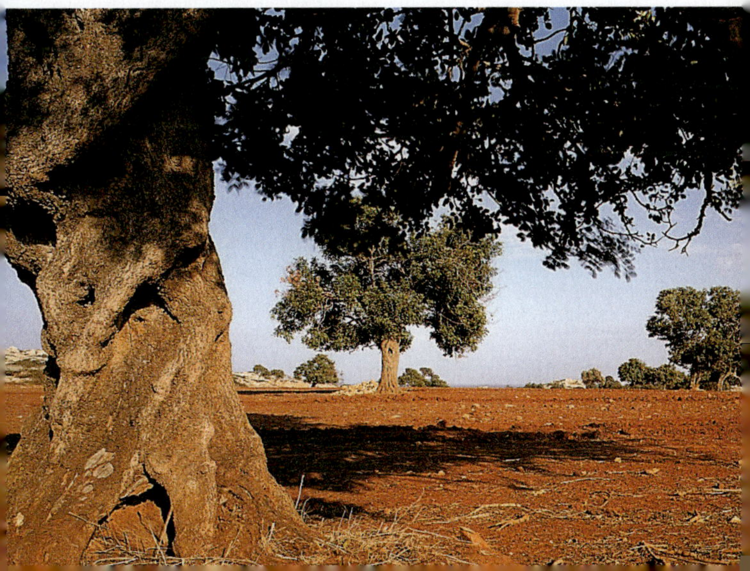

der an Bedeutung, die Stadt wuchs. Innerhalb der Mauern wohnten 1974 nur 3000 Türken, in den modernen Stadtvierteln ringsum 37 000 Griechen. Und am langen Sandstrand nördlich des Hafens, im Ortsteil **Varósha,** war damals Zyperns Touristenzentrum mit über 10 000 Fremdenbetten entstanden. Seit 1974 steht es leer, Hotels und Häuser verfallen, nur türkische Soldaten dürfen es betreten.

Sehenswertes

Nikolaus-Kathedrale

Das rein gotische Gotteshaus, in den Jahren 1298 bis 1326 erbaut, wurde nach dem siegreichen Befehlshaber der Belagerung von 1570/1571 Lala-Mustafa-Moschee genannt. Besonders eindrucksvoll ist die Hauptfassade mit großem Maßwerkfenster und Rosette; der Innenraum ist recht schlicht und bedarf dringend einer Restaurierung, für die aber den Nord-Zyprern Geld und Glaubenseifer fehlen. Darum ist schon etwas Fantasie nötig, um sich den Prunk zu vergegenwärtigen, der hier im 13. und 14. Jh. zur Schau gestellt wurde, wenn sich die Könige von Zypern in der Nikolaus-Kathedrale zu Königen von Jerusalem krönen ließen – einem Königreich, das nur noch dem Namen nach bestand.

Stadtmauer

Die 3500 m lange Mauer aus dem 16. Jh. hatte ursprünglich zwei Tore, Land- und Seetor. Beim Landtor kann man auf die Stadtmauer gelangen. Von hier aus hat man einen schönen Blick über die Altstadt hinunter zum malerischen Hafen.

Zitadelle

Die mittelalterliche Zitadelle mit dem Othello-Turm am Hafen von Famagusta gilt seit der Kolonialzeit als der Ort, an dem der eifersüchtige Mohr von Venedig seine Gattin Desdemona ermordete. Shakespeare selbst hat jedoch als Schauplatz seines Dramas nur ganz allgemein »einen Hafen auf Zypern« genannt. Der Aufstieg auf die Zitadelle ist lohnenswert, weil Sie von hier aus einen schönen Überblick über Altstadt und Hafen haben und bis Varósha und zur Kárpass-Halbinsel blicken können.

Und wer sich eine Kopie der hier spielenden Shakespeare-Szene mitgebracht hat, mag sie vielleicht als Laiendarsteller am historischen Ort selbst zu spielen versuchen ...

Mai–Sept. tgl. 9–19 Uhr, Okt.–April tgl. 9–14 und 14–16.45 Uhr

Hotels/andere Unterkünfte

Palm Beach

Luxushotel an der Grenze zur Geisterstadt Varosha. Es verfügt über einen schöner Sandstrand mit traurigem Ausblick, Casino, Diskothek, Pool, Wassersportstation; gepflegter Charme der Kolonialzeit.

Deve Limani; Tel. 3 66 20 00, Fax 3 66 20 02; www.bilferhotel.com; 108 Zimmer ●●● CREDIT

Essen und Trinken

D & B

Modernes Restaurant auf zwei Etagen im Herzen der Altstadt; internationale Küche, auch Pasta und Pizza.

Namek Kemal Maydani 14 ●● MASTER VISA

Service

Auskunft

Tourist Information

Surlariçi Akkule (im Landtor); Tel. 3 66 28 64

Karpass-Halbinsel/ Karpassía/Karpaz

➜ S. 120, C 19-S. 121, F 17

Sie stellt den Stiel der Pfanne dar, mit der die Form der Insel Zypern oft verglichen wird. In **Rizokárpaso** (türkisch: Dipkarpaz) und einigen weiteren Dörfern leben noch einige hundert Griechen. Seit September 2004 gibt es hier sogar wieder ein griechisches Gymnasium.

Großartige Sandstrände säumen die Küsten der Halbinsel. Am schönsten ist der **Golden Sands Beach**, eine fantastische Dünenlandschaft mit weißem Sand und grünen Pinien. An der äußersten Spitze der Halbinsel steht das Kloster **Ágios Andréas** (→ Routen und Touren, S. 95). In früheren Zeiten war das dem hl. Andreas geweihte Konvent ein bedeutender christlicher Wallfahrtsort.

Hotels/andere Unterkünfte

Blue Sea ⇢ S. 121, E 18

Einfaches, ganz einsam gelegenes Hotel mit Panorama-Restaurant zwischen einem winzigen Fischerhafen und einem kleinen Sandstrand.

12 km östl. von Rizokárpaso/Dipkarpaz an der Straße zum Andreas-Kloster; Tel. 3 72 23 93, Fax 3 72 22 55; 12 Zimmer ● ✉

Karpaz Arch Houses ⇢ S. 121, E 18

Apartmentanlage in einem alten Gutshof, am Dorfrand in ganz ländlicher Umgebung und nahezu unberührter Natur. Alle Apartments verfügen über Klimaanlage, Kühlschrank und Kochgelegenheit.

Dipkarpaz Village; den Schildern zum Hotel Oasis folgen; Tel. 3 72 20 09, Fax 3 72 20 07; www.karpazarchhouses.com; 12 Apartments ● ✉

Essen und Trinken

Oasis at Ayfilon ⇢ S. 121, E 18

Einfache Taverne direkt am Meer neben der byzantinischen Kirchenruine Ágios Phallon gelegen. Bei bescheideneren Ansprüchen hinsichtlich Komfort stehen sehr einfache, preiswerte Unterkünfte zur Verfügung. Bademöglichkeit.

An der Nordküste, 4 km nördl. des Zentrums von Rizokárpaso/Dipkarpaz, gut ausgeschildert ● ✉

Der Hafen von Kyrénia (→ S. 84) mit der Kulisse der bizarren Gipfel des Kyrénia-Gebirges dahinter liegt von Nicosia nur eine halbe Stunde entfernt.

In der Burg von Kyrénia ausgestellt: die geborgene Ladung des ältesten erhaltenen Handelsschiffs der Welt.

Kyrénia/Girne → S. 115, D 6

9 Im alten, runden venezianischen Hafenbecken von Kyrénia liegen Segeljachten und Fischerboote einträchtig nebeneinander. Den Eingang zum Hafen bewacht eine mächtige **Burg**. Ein Turm, durch einen Steindamm mit dem burgseitigen Ufer verbunden, steht im Rund des Hafenbeckens; von ihm aus konnte im Mittelalter eine Kette zum Zollhaus gespannt werden, die unerwünschten Schiffen die Zufahrt versperrte. Die Hafenpromenade ist vollgestellt mit Tischen, Stühlen und Hollywoodschaukeln von Restaurants und Bars. Wenn Sie hier sitzen, können Sie manchmal im Anblick der weißen orthodoxen Kirche die Stimme des Muezzin vernehmen, der die Gläubigen zum Gebet in die Altstadtmoschee ruft.

Kyrénia, von den Türken **Girne** genannt, hat etwa 12 000 Einwohner. In der Antike war es eines der zyprischen Stadtkönigtümer, im Mittelalter ein gut befestigter Hafen, von dem aus Schiffe in den Gewässern zwischen dem katholischen Zypern und dem erst byzantinischen, dann islamischen Kleinasien patrouillieren konnten. Zur Warnung vor Angriffen dienten auch die drei Kreuzritterburgen **Kantara, Buffavento** und **St. Hilarion**, von denen bei klarer Sicht manchmal sogar das kleinasiatische Taurus-Gebirge zu sehen ist.

Außer der Burg lohnen die übrigen Sehenswürdigkeiten in der Stadt nur bei genügend Zeit einen Besuch. In der seit 1974 entweihten, 1875 erbauten Kirche des Erzengels Michael ist ein kleines **Ikonen-Museum** untergebracht (Mai–Sept. Di–Fr 9–14, Okt.–April Di–Fr 9–13 und 14–16.45, ganzjährig Mo 9–14 und 15.30–18 Uhr); am unteren Ortsrand des nahen Dorfes **Karmi** (türkisch: Karaman) sieht man die leeren Gräber einer bronzezeitlichen Nekropole.

Etwa 6 km westlich der Stadt haben die Türken ein aggressiv wirkendes Denkmal genau an der Bucht aufgestellt, in der am 20. Juli 1974 die ersten türkischen Truppen an Land gingen. Auf einem Friedhof neben dem Denkmal sind die ersten 71 Toten des Angriffs bestattet.

Sehenswertes

Burg

Bereits die Byzantiner hatten am Hafen von Kyrénia eine Burg errichtet. Die Lusignans und später die Venezianer bauten sie weiter aus. In einem kleinen Museum in der Burg wird das älteste bekannte Handelsschiff der Welt gezeigt. Es sank vor 2300 Jahren und wurde Anfang der 1970er-Jahre dicht vor Kyrénia geborgen. Aus seiner Ladung kann man Rückschlüsse auf Besatzung und Fahrtroute ziehen: Das 4,4 m breite und 14,3 m lange Segelschiff aus dem Holz der Aleppo-Kiefer kam aus Samos und hatte auf Kos und Rhodos angelegt. Es hatte über 400 Weinamphoren, 29 Hand-Getreidemühlen und über 9000 Mandeln geladen, die Besatzung bestand aus vier Mann. Über 300 Bleigewichte für Netze bezeugen, dass sich die Mannschaft unterwegs von Fisch ernährte; vier Holzlöffel, Ölkännchen, Salztöpfe und Trinkbecher dienten als Tischgeräte.

In anderen Räumlichkeiten der Burg werden Funde aus bronzezeitlichen, antiken und frühbyzantinischen Gräbern anschaulich ausgestellt. Außerdem hat man mittelalterliche Folter- und Gefängnisszenen sowie das Leben venezianischer Soldaten in der Burg mit einfachen Wachsfiguren drastisch nachgestellt. Schöner ist der Blick von den Zinnen über die Stadt und die Küstenebene auf das Gebirge.

Mai–Sept. tgl. 9–18.30 Uhr, Okt.–April tgl. 9–16 Uhr

Hotels/andere Unterkünfte

Dome

Traditionelles Luxushotel der Stadt, ca. 200 m vom Hafen. Großer Pool auf einer felsigen Halbinsel, Casino.

Tel. 8 15 24 53, Fax 8 15 27 72; www.domehotelcyprus.com; 150 Zimmer ●● CREDIT

White Pearl

Das einzige Hotel am Hafen, sieben kleine Zimmer mit Balkon direkt über der Hafenpromenade. Im Sommer Café-Bar-Betrieb auf dem Dachgarten.

Am Hafen; Tel. 8 15 04 29, Fax 8 15 04 30; www.whitepearlhotel.com; 10 Zimmer ● CREDIT

Essen und Trinken

Harbour

Restaurant mit Plätzen direkt am Wasser und auf dem Dachgarten, internationale Küche, frischer Fisch.

Am Hafen nahe der Burg; tgl. ab 12 Uhr ●● CREDIT

Am Abend

Shamrock Irish Bar

Von einem kommunikationsfreudigen Iren sehr engagiert geführte, ganzjährig geöffnete Bar mit Plätzen drinnen und draußen – der Treff von Einheimischen und in Kyrénia wohnenden Ausländern.

Cafer Paşa Sokak 7, Altstadt; tgl. ab 19 Uhr

Service

Auskunft

Tourist Information

Am der Burg gegenüberliegenden Hafenende; Tel. 8 15 21 45

Nord-Nicosia

→ S. 115, D 7

Stadtplan → Umschlagkarte hinten

Im Gegensatz zum griechischen Teil der Inselhauptstadt pulsiert das Leben in Nord-Nicosia innerhalb der Mauern der Altstadt. Kleine Fußgängerzonen haben deren Attraktivität erhöht. Hier liegen die meisten der Geschäfte und Sehenswürdigkeiten. Zwei bis drei Stunden genügen für einen Besuch.

Sehenswertes

Arab-Achmet-Moschee

→ Umschlagkarte hinten, c 3

Die Moschee aus dem 17. Jh., eine der schönsten der Insel, steht in einem restaurierten Altstadtviertel mit malerischen Gassen. Ein romantischer Platz ist der türkische Friedhof neben dem Gebetshaus.

Bedesten

→ Umschlagkarte hinten, d 3

Südlich vom Eingang zur Sophien-Kathedrale steht die Ruine einer orthodoxen Kirche des 15. Jh., die während der türkischen Herrschaft als Textilmarkt diente. Schön ist das kleine Relief mit der Marienentschlafung an der Fassade.

Büyük Han

→ Umschlagkarte hinten, d 3

Die große, kürzlich aufwendig restaurierte Karawanserei aus dem 16. Jh., mit 52 Räumen auf zwei Etagen, ist heute einer der schönsten Plätze in

Nicosia. Wo noch bis in die 1920er-Jahre hinein Kamelkarawanen nächtigten, haben sich heute viele Künstler und Kunsthandwerker niedergelassen und bieten in Galerien und Läden ihre Werke feil. Im Innenhof gibt es ein preiswertes Café-Restaurant, das Sedir Café (→ MERIAN-Tipp, S. 55).
So geschl.

Kumarcilar Han
⇢ Umschlagkarte hinten, d 3
Von der Karawanserei aus dem 17. Jh. kann nur noch der Innenhof besichtigt werden, da seit der Renovierung ein Ministerium hier seinen Sitz hat.

Sophien-Kathedrale
⇢ Umschlagkarte hinten, d 3
Die 1209 bis 1326 erbaute gotische Kathedrale wurde 1571 zur Selim-Moschee umgewandelt. Man setzte den Kirchtürmen zwei Minarette auf und fügte in die Südwand der Kathedrale drei islamische Gebetsnischen ein. Der christliche Skulpturenschmuck wurde rücksichtslos abgeschlagen; nur am Hauptportal blieben die Köpfe einiger Bischöfe, Propheten und Könige fragmentarisch erhalten. In der Sophien-Kathedrale hatten sich die Lusignans zu Königen Zyperns krönen lassen. Die Baumeister waren aus Frankreich geholt worden und nahmen sich die Kathedralen von Amiens, Chartres und Rouen zum Vorbild.

Venezianische Säule
⇢ Umschlagkarte hinten, c 3
Die 6 m hohe Säule auf dem Hauptplatz der Altstadt, dem Atatürk-Platz, stammt aus Sálamis und wurde von den Venezianern hier aufgestellt.

Museen

Ethnografisches Museum
⇢ Umschlagkarte hinten, d 2
An der Hauptstraße, die vom Gírne-Tor ins Herz der Altstadt hineinführt, steht linker Hand ein flacher Bau, der bis zum Verbot des Ordens im Jahre 1925 das Kloster der tanzenden Derwische war. Heute dient es als Ethnografisches Museum, in dem man die Handwerkstraditionen der türkischen Zyprioten und ihre Trachten kennenlernt. Ausgestellt sind auch Musikinstrumente und Sarkophage von Sheiks des Derwisch-Ordens.
Tgl. 9–13 und 14–17 Uhr, im Nov. nur 9–14 Uhr

Hotels/andere Unterkünfte

Es gibt nur zwei Hotels in Nord-Nicosia; wer keine besonderen Gründe hat, hier zu nächtigen, wohnt besser im Südteil der Stadt.

Saray ⇢ Umschlagkarte hinten, c 3
Älteres Hotel im Herzen der Altstadt nahe der venezianischen Säule, Casinobetrieb im Haus, unterkühltes Personal. Restaurant auf dem Dach mit Blick über ganz Nicosia.
Atatürk Meydani; Tel. 2 28 31 15, Fax 2 28 48 08; E-Mail: zekai.altan@superonline.com; 60 Zimmer ● MASTER VISA

Essen und Trinken

Konak ⇢ Umschlagkarte hinten, d 3
Elegantes Restaurant auf der Nordseite der Kathedrale in mehreren Räumen auf zwei Etagen einer alten Stadtvilla, auch Plätze im Innenhof. Internationale und türkisch-zyprische Küche, gute Weinauswahl.
Selimiye Meydani 28; tgl. 10–2 Uhr
●●● CREDIT

Sedir Café
→ MERIAN-Tipp, S. 55

Service

Auskunft
Tourist Information
Girne Kapısı (im Girne-Tor der Stadtmauer); Tel. 2 27 29 94

Sálamis

⇢ S. 119, E 14

Etwa 10 km nördlich von Famagusta liegen die Ruinen des im 11. Jh. v. Chr. gegründeten antiken Vorläufers von

Famagusta: der Stadt Sálamis. Das nur von wenigen Touristen besuchte Ausgrabungsgelände direkt am Meer übt auch landschaftlich einen großen Reiz aus.

Die Hauptstadt des antiken Stadtkönigreichs ist erst zu einem geringen Teil ausgegraben. Das Gelände wird von den türkischen Zyprioten leider völlig vernachlässigt, zwischen den antiken Ruinen wachsen Felder mit Riesenfenchel, Urlauber beschädigen die unbewachten Monumente, und gelegentlich übt hier sogar das türkische Militär.

Von besonderem Interesse sind das römische **Theater** aus dem 1. Jh. mit 50 Sitzreihen und Platz für 15 000 Zuschauer sowie die große **Palästra** mit Spuren von römischen Mosaiken und einer römischen Wandmalerei. Die Palästra zeigt deutliche Spuren eines Erdbebens im 4. Jh., in dessen Folge sie nur unzulänglich repariert wurde. Die vielfarbigen Fußböden des Umgangs sind aus diversen Platten zusammengesetzt, Säulen unterschiedlicher Länge wurden auf Steinblöcke gestellt, um eine einheitliche Höhe zu erreichen. In der Südwestecke der Palästra ist eine große Gemeinschaftslatrine gut erhalten, in der Nordostecke steht eine gesichtslose Statue der Göttin Persephone aus grauem Marmor. In die Mauern der Thermen wurden von den Christen des frühen 5. Jh. zahlreiche zerbrochene Statuenfragmente und Säulentrommeln eingearbeitet.

Wer genügend Zeit hat, sollte auch die Überreste der frühchristlichen Basiliken Kampanopetra und Epiphanios besuchen. Lohnend ist ebenfalls ein Besuch der **Königsgräber** aus dem 7. und 6. Jh. v. Chr., die sich links der Straße von Salamis zum Barnabas-Kloster befinden. Sie wurden zwischen 1962 und 1974 freigelegt.

Alle bedeutenden Funde von Sálamis sind heute im Archäologischen Museum in Nicosia ausgestellt, einige wenige auch in einem winzigen Museum im Gelände der Königsgräber. Dort sieht man ebenfalls die Rekonstruktion eines Leichenwagens. Beim Begräbnis der Könige wurden diese von prachtvoll geschmückten Pferden und Maultieren bis unmittelbar vor die Grabkammer gezogen. Die Tiere wurden dann rituell geschlachtet. Ebenso interessant wie die Königsgräber sind die zahllosen Schachtgräber fürs einfache Volk, die man auf einer nahen Felsscholle, dem sogenannten **Cellarka-Bezirk**, sehen kann.
Mai–Sept. tgl. 9–19, Okt.–April tgl. 9–13 und 14–16.45 Uhr

Hotels/andere Unterkünfte

Portofino
Nahe dem Hafen in der Neustadt gegenüber der Stadtmauer gelegen, gut für Zwischenübernachtungen geeignet. Dachgarten.
Fevzi Cakmak Bulvari 9; Tel. 3 66 43 92, Fax 3 66 29 49; www.portofinohotel-cyprus.com ● MASTER VISA

Essen und Trinken

Koça Reis
Große, alteingesessene Strandtaverne, von der Inhaberfamilie sehr engagiert persönlich geführt.
Unmittelbar südl. des Hotelhochhauses Salamis Bay, Zufahrt von der Küstenstraße aus ausgeschildert; tgl. ab 9 Uhr ● MASTER VISA

Vokolída/Bafra

S. 120, C 20

An einem kilometerlangen, bis vor wenigen Jahren völlig unverbauten Sandstrand haben türkische Investoren den antiken Artemis-Tempel von Ephesus annähernd in Originalgröße als Hotel nachgebaut. Daneben soll ein Hotel in Form des römischen Colosseums neu entstehen. Giftigere Blüten kann Tourismus wohl kaum treiben.
In Vokolída/Bafra den Wegweisern zum Artemis Resort folgen

Routen und Touren

Vom Ferientrubel ins »authentische« Zypern: Das stille Hinterland der Insel bietet mehr, als man bei einem Ausflug erkunden kann.

Die ganze Schönheit und Vielfalt Zyperns erschließt sich auf einer zehntägigen Rundreise am besten. Erahnen kann man sie aber auch schon bei Tagesausflügen und auf Wanderungen im Gebirge.

Zehntägige Zypernrundfahrt – Erkundung einer faszinierenden Kultur

Charakteristik: Inselrundfahrt mit dem Auto; **Länge:** ca. 700–800 km; **Dauer:** zehn Tage; **Einkehrmöglichkeiten:** in allen genannten Städten und Dörfern; **Auskunft:** Tourist-Information am Flughafen Lárnaca; **Karte:** ⇢ Umschlagkarte vorne und Kartenatlas S. 112–121

Zypern hat genau die richtige Größe, um auf einer zehntägigen Rundfahrt die meisten Schönheiten der Insel kennenzulernen. Reiseveranstalter bieten Busrundreisen an; individueller können Sie die Zeit freilich mit dem Mietwagen gestalten. Hier ein Rundreisevorschlag für zehn Tage:

Lárnaca ⇢ Nicosia

Erster Tag: Fahren Sie von Lárnaca (⇢ S. 117, EF 9) am Flughafen vorbei nach Kíti zum ältesten frühchristlichen Mosaik der Insel. Auf dem Rückweg nach Lárnaca lohnt der Abstecher an den Salzsee und zum islamischen Heiligtum Hála Súltan Tekké. Von Lárnaca geht es weiter zum Kloster Stavrovoúni hinauf und dann über die Autobahn in die Landeshauptstadt Nicosia, wo ein Altstadtbummel den richtigen Tagesabschluss bildet.

Nicosia ⇢ Tamássos

Zweiter Tag: Vormittags können Sie in Ruhe alle Museen der Stadt besichtigen. Am Nachmittag steht ein Ausflug zum Kloster **Ágios Iraklídios** und zu den Königsgräbern von **Tamássos** auf dem Programm.

Nicosia

Dritter Tag: Unternehmen Sie einen Ausflug in den Nordteil der Insel. Lassen Sie Ihren Mietwagen aber besser im Süden, selbst wenn der Vermieter die Mitnahme in den Norden gestattet. Überqueren Sie die Demarkationslinie am ehemaligen Ledra Palace Hotel direkt neben der mittelalterlichen Stadtmauer von Nicosia und mieten Sie sich dann im Norden eins der dort zahlreich wartenden Taxis oder lassen Sie sich zum Busbahnhof bringen, um mit einem Linienbus weiterzureisen. Es gibt zwei Tourenmöglichkeiten: entweder nach **Famagusta** und zu den Ausgrabungen von Sálamis oder ins schönste Inselstädtchen, **Kyrénia**, zur gotischen Klosterruine von Bellapais und zur Burgruine St. Hilarion.

Nicosia ⇢ Páno Plátres

Vierter Tag: Über Peristeróna mit einer der ältesten Kirchen der Insel geht es weiter zur Kirche Asinoú mit vollständig erhaltenen mittelalterlichen Wandmalereien. In Galáta können Sie weitere »Scheunendachkirchen« besichtigen. Dann geht es auf gut ausgebauter Straße kurvenreich immer höher ins Tróodos-Gebirge hinein. Sie fahren durch den Ort **Tróodos**, der auf 1700 m liegt, und übernachten im Luftkurort **Páno Plátres** mit vielen Hotels.

Páno Plátres

Fünfter Tag: Dieser Tag ist ganz dem Erlebnis der Gebirgswelt Zyperns, seinen abgeschiedenen Klöstern und Bergdörfern gewidmet. Besuchen Sie das berühmte **Kýkko-Kloster** mit seinem Reichtum und seiner Pracht und das Makários-Grab sowie die stillen Bergdörfer **Moutoullás**, **Pedhoulás** und **Kalopanayiótis** inmitten von üppigen Obstgärten. Abends können Sie wieder in **Páno Plátres** übernachten.

Páno Plátres ⇢ Páphos

Sechster Tag: Heute lernen Sie mehrere Weinbauerndörfer kennen. **Ómodos** zum Beispiel, mit seinem historischen Kloster und schönen Dorfplatz, und **Ágios Nikólaos**, wo bis 1974 nur türkische Zyprioten lebten. Über **Yeroskípos** mit der ältesten Kirche der Insel gelangen Sie dann ins Küstenstädtchen Páphos, wo Sie mit der Besichtigung der vielen Sehenswürdigkeiten bereits am Nachmittag beginnen können. Nach so viel Bergwelt kann aber auch ein Badenachmittag am Strand der nördlich gelegenen Coral Bay ganz gut tun.

Páphos

Siebter Tag: Der Vormittag sollte noch einmal den Sehenswürdigkeiten von Páphos gehören. Herrliche Relikte aus der Ptolemäer- über die Kreuzritterzeit bis zur türkischen Herrschaft erwarten den Interessierten. Nachmittags können Sie dann einen Ausflug ins Bergdorf **Panagiá** oder zum **Kloster Ágios Neóphytos** unternehmen.

Páphos

Achter Tag: Die Nordwestküste Zyperns ist touristisch noch am wenigsten erschlossen. Das bemerken Sie bei einem Ausflug ins kleine Städtchen **Pólis** und zum Bad der Aphrodite, einem romantischen Quellbecken am Ansatz der Akámas-Halbinsel.

Páphos ···> Limassol

Neunter Tag: Nicht weit von Páphos stehen die Ruinen des bedeutendsten antiken Heiligtums der Liebesgöttin in **Paléo Páphos.** Von hier aus führt die Küstenstraße weiter zur »Geburtsstätte« der Göttin am Felsen der Aphrodite (**Pétra tou Romioú**), zum Apollo-Heiligtum und zu den eindrucksvollen Ausgrabungen der hellenistisch-römischen Stadt Koúrion. Die Burg von **Kolóssi** zeigt anschaulich, wie die Johanniterritter auf Zypern lebten. Übernachtungsmöglichkeiten gibt es in der lebhaften Hafenstadt Limassol.

Limassol ···> Lárnaca

Zehnter Tag: Auf dem Rückweg nach Lárnaca liegt nahe der Autobahn die älteste Siedlung der Insel, das 8500 Jahre alte **Khirokitía.** Einen Abstecher können Sie von hier aus in die Berge zum Kloster Ágios Minás machen, wo die Nonnen Ikonen malen, und nach Léfkara, woher die berühmten Handarbeiten stammen.

Am frühen Nachmittag haben Sie Lárnaca erreicht und können vielleicht zum Ausklang der Rundreise noch einen Abstecher in den ganz und gar modernen Badeort **Agía Nápa** mit seinen herrlichen Sandstränden unternehmen.

Die »exklusivsten« der Königsgräber von Páphos (→ S. 64) sind nahe dem Meer aus dem Fels gehauen worden und ahmen die Architektur von Wohnhäusern nach.

Tagesausflug ab Páphos – Ursprüngliches Zypern mit Stränden inklusive

Charakteristik: Autotour mit Wanderung und Badepause; **Länge:** 130 km; **Dauer:** ein Tag; **Einkehrmöglichkeiten:** besonders schön am Hafen von Pórto Latchí bei Peter & Yiángos oder am Bad der Aphrodite; **Auskunft:** Tourist-Info in Páphos; **Karte:** → Umschlagkarte vorne und S. 112

Wer ein Stück ursprüngliches Zypern kennenlernen will, sollte diese Tour unternehmen. Sie ist auch von Pólis aus sehr schön, wobei man die Besichtigung von Páphos (→ S. 112, B 3–4) dann allerdings für einen anderen Tag einplanen sollte.

Páphos → Pórto Latchí

Morgens fährt man zunächst an der Coral Bay vorbei zum westlichsten Küstenort der Insel, Ágios Geórgios. Hier befinden sich die Überreste zweier frühchristlicher Basiliken und eine umgürtete Kirche. Von dort aus geht es bergan nach **Pégia** und über eine Hochebene voller Weingärten durch ursprünglich gebliebene Orte nach **Droúseia** und hinab nach Pólis. Machen Sie dort eine Kaffeepause, bevor es an **Pórto Latchí** vorbei zum Bad der Aphrodite geht.

Pórto Latchí → Panagía

Von Pórto Latchí aus werden gelegentlich auch Bootsausflüge zur **Fontana Amorosa** angeboten; am Bad der Aphrodite beginnt ein schöner Rundwanderweg über die Akamás-Halbinsel. Die Taverne am Bad der Aphrodite besitzt eine besonders schöne Aussichtsterrasse; Treppen führen hinunter zu einem Kieselsteinstrand, der wegen seiner vielen bunten, sammelwürdigen Steinchen gerühmt wird. Meist sitzt am Bad der Aphrodite ein Priester und verkauft Orangen.

Der Rückweg führt von Pólis durchs Tal zum Dorf Stroúmbi. Unterwegs passiert man Tabakfelder und zahlreiche Orangenhaine. Zur Erntezeit werden die Früchte am Straßenrand preiswert verkauft. In Stroúmbi zweigt eine Nebenstraße nach Panagía ab, dem Geburtsort des Erzbischofs Makários. Der Ort ist noch sehr ländlich; das Kafeníon im Dorfzentrum ist eines der urigsten der ganzen Insel. Wenn Sie auf der Terrasse sitzen, können Sie Dutzende von Schwalben beobachten, die an der gegenüberliegenden Hauswand unzählige Nester erbaut haben. Als Getränk wäre der Tresterschnaps Dsivanía zu empfehlen.

Panagía → Páphos

2 km außerhalb des Dorfes liegt das wenig besuchte Kloster Chrissoroyiátissa. In der dazugehörigen Taverne können Sie die schöne Abendstimmung genießen, bevor Sie nach Páphos zurückkehren. Vielleicht reicht die Zeit noch, um dem Kloster auf dem Gelände des Tsada Golf Club einen Besuch abzustatten.

MERIAN-Tipp

10 Sapho Manor House in Droúseia

Im hoch über der Bucht von Pólis gelegenen Bergdorf, dessen Name »Drúscha« ausgesprochen wird, steht ein altes Dorfhaus, das jetzt als stilvolle kleine Pension betrieben wird. Im Innenhof gibt es sogar einen kleinen Pool. Man wohnt hier absolut ruhig und kann den Abend unter Einheimischen in Kaffeehäusern und Tavernen verbringen.

An der Dorfstraße; Tel. 26 33 26 50; www.agrotourism.com.cy; 7 Zimmer
• ✉ → S. 112, A 2

Rund um den Olymp – Eine Wanderung, bei der einem ganz Zypern zu Füßen liegt

Charakteristik: Wanderung auf einem Naturlehrpfad; **Länge:** 15 km; **Dauer:** 4 Stunden; **Einkehrmöglichkeiten:** Nur in den einfachen Grilltavernen in Tróodos, Trinkwasserquelle 3 km nach Wanderungsbeginn; **Auskunft:** Tourist-Info in Páno Plátres; **Karte:** ⇢ S. 93 und S. 113, E 2

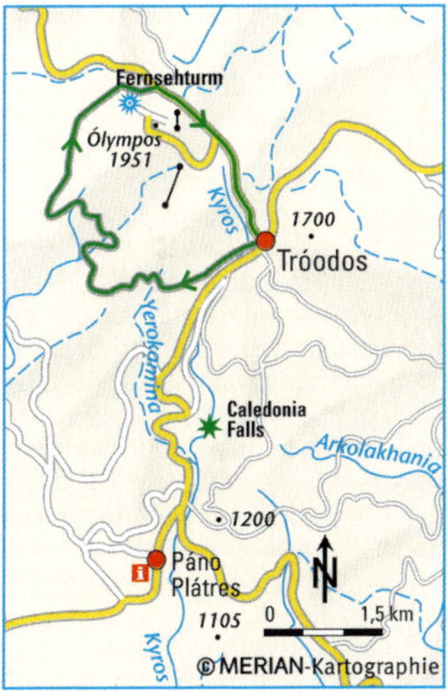

Bei dieser Wanderung ergeben sich schöne Ausblicke bis hinunter nach Limassol und übers Gebirge bis zum Kýkko-Kloster und noch weiter. Zu den Vögeln, die man mit etwas Geduld in diesem Gebiet sehen kann, gehören auch der seltene Neuntöter und der Zaunkönig.

Tróodos ⇢ Chrombergwerk

Ausgangspunkt ist das Postamt im Ort Tróodos in 1700 m Höhe. Hier beginnt, deutlich als **»Nature Trail«** gekennzeichnet, ein gepflegter Weg, der in gleichbleibender Höhe um den höchsten Gipfel Zyperns herumführt. Man kommt an einem stillgelegten Chrombergwerk vorbei und sieht unter anderem mehrere hundert Jahre alte Wacholderbäume, Prachtexemplare einer im Tróodos heimischen Unterart. Das älteste Exemplar, mit einem Durchmesser von 120 cm und 12 m hoch, ist gar 600 Jahre alt.

Chrombergwerk ⇢ Tróodos

Nach 9 km stößt der Weg an eine Asphaltstraße. Geht man auf ihr einige Schritte nach rechts, gelangt man zur Fortsetzung des Weges in Richtung Tróodos.

Proviant für den Weg kann man noch im Tróodos kaufen, wo an vielen Ständen zyprische Nüsse, »Dschudschuko«, getrocknete Aprikosen, Pflaumen und Kirschen verkauft werden. Am Ende der Wanderung findet man dann in Tróodos auch drei Restaurants und einige Imbissbuden, wo man seinen Hunger stillen kann.

Entlang des gesamten Weges (15 km) wird durch nummerierte Markierungen auf einzelne Pflanzen hingewiesen. Die Pflanzennamen stehen allerdings nur auf Lateinisch auf den Schildern. Sie helfen also nur weiter – außer man ist Botaniker –, wenn man entweder einen Pflanzenführer dabei hat oder sich von der Fremdenverkehrszentrale Zypern zu Hause oder auf Zypern die Broschüre über die Wanderwege im Tróodos kostenlos besorgt hat.

Besonders bemerkenswert ist gleich zu Beginn des Weges ein Exemplar der auf Zypern heimischen Zedernart, Cedrus brevifolia, wie sie im Tal der Zedern im Westen des Tróodos in großer Zahl vorkommen. Zunehmend werden diese Bäume, die vor 80 Jahren auf der Insel schon fast ausgestorben waren, jetzt auch an den Straßenrändern im Gebirge gepflanzt.

Wanderung nach Plátres – Immer bergab am rauschenden Wildbach entlang

Charakteristik: Leichte Wanderung über die Caledonia-Wasserfälle; **Länge:** 12 km; **Dauer:** 3 Stunden; **Einkehrmöglichkeiten:** nur Taverne Psiló Déndro; **Auskunft:** Tourist-Info in Páno Plátres; **Karte:** → S. 94 und S. 113, E 2-3

Die eindrucksvolle, leichte Tour wird ganz und gar vom Wasser bestimmt.

Tróodos → Caledonia Falls

Ausgangspunkt dieser ständig bergab führenden Wanderung ist der Ort Tróodos. Man folgt von hier aus zunächst der Asphaltstraße in Richtung **Plátres**, bis nach knapp 3 km ein mit **Caledonia Falls** beschilderter Feldweg nach links abbiegt. Er führt in ein Bachtal, wo deutlich markiert der Naturlehrpfad Krio Pótamos beginnt. Wohl mehr als zwanzigmal muss der Bach auf Steinen überquert werden. Sie erreichen dann den höchsten Wasserfall Zyperns. Sein Name ist eine britische Idee. Man fühlte sich durch ihn an Schottland erinnert, das in alten Zeiten ja auch den Namen Caledonia trug.

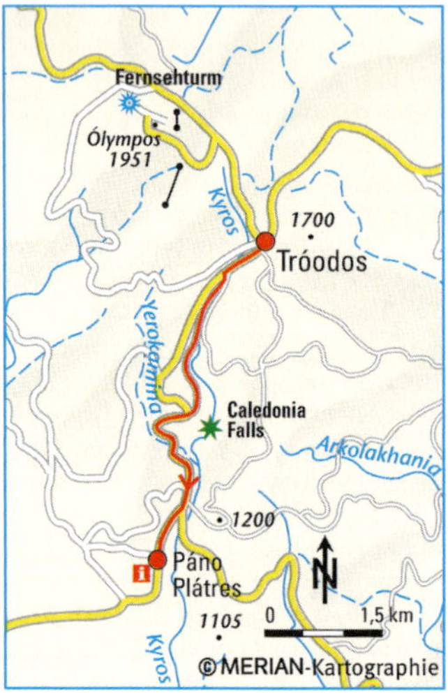

Caledonia Falls → Plátres

Vom Wasserfall aus haben Sie zwei Möglichkeiten weiterzuwandern. Entweder folgen Sie dem Bachbett auf einem weiterhin sehr schönen, schmalen Pfad, oder Sie gehen auf dem bisher gegangenen Pfad weiter, der kurz darauf in einen breiten, kurvenreichen Feldweg übergeht. In beiden Fällen gelangen Sie zur Forellenzuchtstation und zur Taverne **Psiló Déndro**. Von hier aus führt eine Asphaltstraße ins Zentrum von Páno Plátres, von wo Sie mit dem Taxi zurück zum geparkten Wagen fahren können. Falls Sie einen Mietwagen zur Verfügung haben, kann ein Mitreisender Sie auch am Beginn der Wanderung absetzen und Sie an der Taverne Psiló Déndro wieder abholen.

In unmittelbarer Nähe von Plátres, dem Endpunkt der Tour, liegt das Dörfchen Phiní (→ S. 74), ein ehemaliges Töpferzentrum.

Von Famagusta zum Andréas-Kloster – Eine Tagestour zur Karpass-Halbinsel

10

Charakteristik: Tagestour per Pkw auf wenig befahrenen Straßen; **Länge:** ca. 250 km; **Dauer:** ca. 12–15 Stunden; **Einkehrmöglichkeiten:** Restaurant Oasis at Ayfilon 4 km nördlich von Rizokárpaso; **Auskunft:** Tourist-Info in Famagusta/Surlariçi Akkule (Landtor); Tel. 3 66 28 64; **Karte:** ---> S. 119–121

Diese Fahrt führt in eine der vom Tourismus bisher noch unberührtesten Landschaften Nord-Zyperns über schmale, aber gut befahrbare Straßen. Ziel und Wendepunkt der Fahrt ist das Kloster Apóstolos Andréas fast an der Spitze der Karpass-Halbinsel (Karpasía/Karpaz), einer der wichtigsten Wallfahrtsorte der zyprischen Christen. Es gibt unterwegs zwar Bademöglichkeiten, aber für mehr als einen kurzen Sprung ins Meer reicht die Zeit für Tagesausflügler kaum. Man kann die Tour auch aus dem griechischen Süden unternehmen; wenn man vorher und hinterher in Nicosia übernachtet, sollte man dann jedoch besser ein Taxi nehmen, als sich selbst ans Steuer zu setzen. In der nachfolgenden Beschreibung sind bei allen Ortsnamen auch die türkischen Bezeichnungen angegeben, da nur sie auf Ortsschildern und Wegweisern stehen.

Famagusta (Gazimağusa) ---> Yialousa (Yeni Erenköy)

Vorbei an der Ausgrabungsstätte von Sálamis geht die Fahrt in Meeresnähe entlang bis nach Bogazi (Bogaz) mit seinem kleinen Fischerhafen. Kurz darauf wendet sich die Straße landeinwärts und führt durch grünes Hügelland nach Leonárisso (Ziyamet).

Die Hauptstraße wendet sich jetzt der Nordküste zu und führt durch ein Tabakanbaugebiet nach Yialousa.

Yialousa ---> Rizokárpaso (Dipkarpaz)

Auf der Weiterfahrt führen immer wieder Stichstraßen zu schönen Stränden. Besonders lohnenswert ist ein Abstecher zur Erenköy Halk Plaji an der Nordküste unmittelbar unterhalb von Yialousa mit ihren zwei von Felsen eingerahmten Sandbuchten. Die sanft-hügelige Landschaft wird jetzt immer einsamer und kahler, bis man das fruchtbare Hochtal von Rizokárpaso (Dipkarpaz) erreicht. Dieser Ort war auch nach 1974 von griechischen und türkischen Zyprern bewohnt, wie Kirche und Moschee bezeugen, die heute immer noch als Gotteshäuser dienen. Es gibt hier türkische Kaffeehäuser und ein griechisches »kafenío«.

Rizokárpaso ---> Andréas-Kloster

Jetzt folgt der landschaftlich schönste Teil der Fahrt. Durch kleine Hochtäler, in denen man immer wieder wilde Esel sieht, fährt man an der Südküste entlang und blickt auf Zyperns gewaltigsten Strand, den kilometerlangen Golden Beach mit seinen hohen Dünen. Er ist noch völlig unverbaut und nahezu menschenleer; nur drei kleine Tavernen zeugen hier von menschlichem Leben. Kurz darauf ist das Kloster Apóstolos Andréas erreicht. Der Legende nach wurde es bereits im 1. Jh. vom Apostel selbst gegründet, der hier nach zyprischem Glauben immer noch viele Wunder vollbringt.

Die Rückfahrt nach Famagusta erfolgt auf gleichem Wege, was angesichts der Landschaftsidylle durchaus angenehm ist. Sie führt von Rizokárpaso durch fruchtbare Täler über Galinopórni (Kaleburnu) bis Leonárisso (Gelincik). Am Weg steht kurz hinter Lythragkómi (Boltasli) eine der ältesten Inselkirchen, die Panagía Kanakária aus dem 12. Jh. Ein weiterer Schlenker führt von Tavroú über Vokolída (Bafra) mit seinem Artemis-Tempel nach Leonárisso (Ziyamet).

Wissenswertes über Zypern

Der wichtigste Wirtschaftsfaktor Zyperns ist der Tourismus, das Angebot für Urlauber entsprechend umfangreich. An den Stränden, wie hier bei Agía Nápa (→ S. 35), offerieren zahlreiche Wassersportstationen ihre Dienste.

Alles, was man für seinen Zypern-Urlaub noch wissen sollte – Geschichte, Sprachführer, Essdolmetscher und nützliche Informationen von A–Z –, ist in diesem Kapitel zu finden.

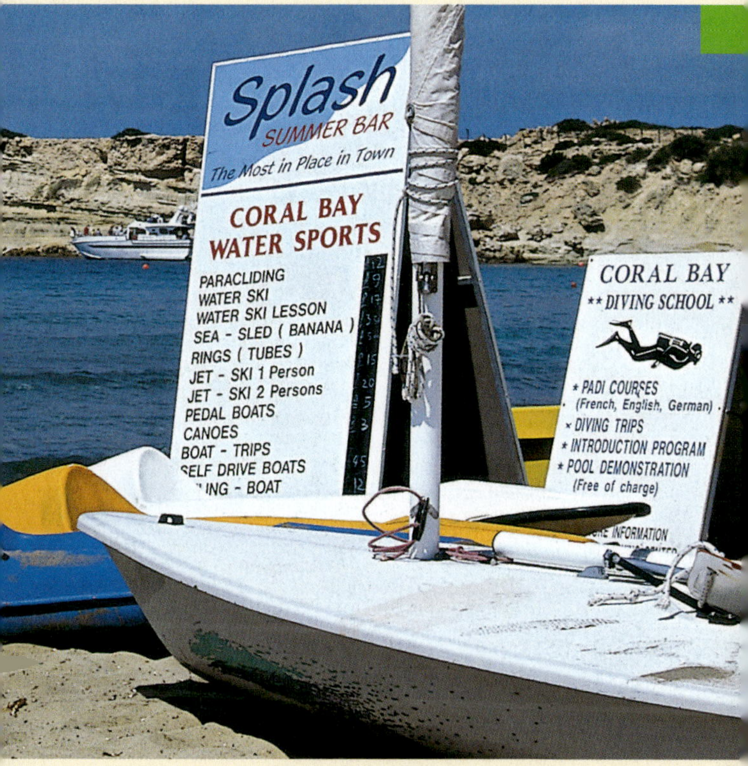

Jahreszahlen und Fakten im Überblick

8000 v. Chr.
Älteste Spuren von Jägern und Sammlern aus der Mittleren Steinzeit, gefunden auf der Halbinsel Akrotíri.

7000 v. Chr.
Zu Beginn der Jungsteinzeit werden die Bewohner Zyperns sesshaft und lassen sich in steinernen Rundhüttendörfern nieder.

4500 v. Chr.
Die Bevölkerungszahl nimmt zu; erstmals werden Keramikgefäße hergestellt.

3500 v. Chr.
Die Steinzeitmenschen lernen das Kupfer kennen und arbeiten daraus erste Gegenstände.

2500 v. Chr.
Anatolische Einwanderer führen auf Zypern die Bronzeherstellung ein; Zypern beginnt mit dem Kupferabbau und -export.

1400 v. Chr.
Die zyprischen Stadtstaaten sind bereits wichtige Handelspartner für die Staaten am östlichen Mittelmeer, die Insel wird zum Einwanderungsgebiet für aus Griechenland stammende mykenische Siedler.

750–330 v. Chr.
Die zyprischen Stadtstaaten stehen unter der Vorherrschaft wechselnder Großmächte wie Assur, Ägypten und Persien.

Um 400 v. Chr.
Die griechische Schrift löst die zyprische Silbenschrift allmählich ab.

323–58 v. Chr.
Nach dem Tode Alexanders des Großen wird Zypern erstmals unter ptolemäischer Vorherrschaft eine politische Einheit.

58 v. Chr.
Zypern wird Teil der römischen Provinz Kilikien und 31 Jahre später eine selbstständige römische Provinz.

45/46 n. Chr.
Der Apostel Paulus besucht Zypern auf einer Missionsreise.

391
Das Christentum wird römische Staatsreligion, die heidnischen Kulte werden verboten.

395
Bei der Teilung des Römischen Reiches erhält Ostrom die Insel.

632–965
Zypern ist den Arabern tributpflichtig.

965–1185
Zypern gehört zum Byzantinischen Reich.

1185–1191
Zypern ist ein selbstständiges Kaiserreich.

1191
Richard Löwenherz erobert die Insel und verkauft sie an den Templerorden.

1192
Der aquitanische Kreuzritter Guy de Lusignan kauft Zypern und begründet ein selbstständiges Königreich.

1194
Guy de Lusignan stirbt; sein Bruder Aiméry übernimmt die Herrschaft. In den folgenden Jahrhunderten wird die orthodoxe Kirche von der römisch-katholischen Staatskirche schlimmer unterdrückt als später von den Türken.

1489–1571
Zypern steht unter venezianischer Kontrolle.

1571–1878
Zypern gehört zum Osmanischen Reich.

1878–1925
Großbritannien hat Zypern von der Türkei gepachtet.

1925–1960
Zypern ist britische Kronkolonie.

1955–1959
Bewaffneter Freiheitskampf der griechischen Zyprer gegen die britische Herrschaft. Er kostet 278 Griechen und griechische Zyprer, 142 Briten und 84 türkische Zyprer das Leben.

16. 5. 1960
Zypern wird nach fünfjährigem bewaffneten Kampf unabhängig, Erzbischof Makários III. wird der erste Präsident der Insel.

1964
Nicosia wird nach heftigen Kämpfen zwischen griechischen und türkischen Zyprer geteilt, UN-Friedenstruppen kommen nach Zypern. Über 20 000 türkische Zyprer ziehen sich in eigene Viertel und Enklaven zurück.

15. 7. 1974
Ein Putsch griechisch-zyprischer Nationalisten im Auftrag der griechischen Militärjunta scheitert, Makários III. flüchtet ins Ausland.

20. 7. 1974
Um den Anschluss Zyperns an Griechenland zu verhindern, landen türkische Truppen auf der Insel; es kommt zum Krieg.

16. 8. 1974
Der Krieg wird beendet, Zypern ist geteilt. Die türkischen Truppen halten über ein Drittel der Insel besetzt. Präsident Makários kehrt im Dezember zurück.

20. 6. 1975
Rauf Denktasch wird zum Präsidenten eines zuvor einseitig proklamierten türkischen Bundesstaates von Zypern gewählt.

3. 8. 1977
Makários III. stirbt.

15. 11. 1983
Der türkisch besetzte Inselteil wird zur unabhängigen »Türkischen Republik Nord-Zypern« erklärt, den aber nur die Türkei als selbstständigen Staat anerkennt.

1990
Zypern beantragt die Aufnahme in die Europäische Gemeinschaft.

2004
Im April Volksabstimmung über den Anan-Plan für eine Lösung des Zypern-Problems. Eine große Mehrheit der Nord-Zyprer stimmt zu, aber über drei Viertel der griechischen Zyprer lehnen ihn ab. Dadurch scheitert eine Wiedervereinigung. Am 1. Mai wird daher vorerst nur Süd-Zypern in die EU aufgenommen, auf deren Druck aber sogleich die Reisefreiheit für EU-Bürger in ganz Zypern durchgesetzt.

2008
Am 1. Januar ersetzt der Euro das Zypriotische Pfund als Landeswährung. Aus den Präsidentschaftswahlen im Februar geht der Vorsitzende der Kommunistischen Partei, Dímitris Christófias, als überlegener Sieger hervor. Sein Ziel ist die Wiederaufnahme von Gesprächen mit dem Ziel einer Wiedervereinigung der Insel auf bikommunaler Basis. Ein erster Schritt auf dem Weg dorthin ist die Öffnung eines Grenzübergangs im Herzen der Altstadt am 3. April.

Nie wieder sprachlos

Wichtige Wörter

ja	*nä*
nein	*óchi*
danke	*efcharistó*
bitte	*parakaló*
und	*ke*
Wie bitte?	*Oríste?*
Ich verstehe nicht.	*Denn katalawéno.*
Entschuldigung	*signómi*
Hallo	*jiá/jássas*
Guten Morgen/ Guten Tag	*kaliméra*
Guten Abend	*kalispéra*
Auf Wiedersehen	*jiá/adío*
Ich heiße ...	*Me léne ...*
Ich komme aus ...	*Íme apó ...*
– Deutschland.	*– tin jermanía*
– Österreich.	*– tin afstría*
– der Schweiz.	*– tin elwetía*
Ich möchte ...	*Tha íthela ...*
Wissen Sie ...?	*Ksérete ...?*
Wie geht's?	*Ti kánete?*
Danke, gut.	*Kalá, efcharistó.*
wer, was, welcher	*pjoss, ti, pjoss*
wann	*póte*
wie viel	*pósso*
wie lange	*pósso keró*
Sprechen Sie deutsch/ englisch?	*Miláte jermaniká/ angliká?*

Zahlen

eins	*énas, mía, éna*
zwei	*dío*
drei	*tría, tris*
vier	*téssera, tésseris*
fünf	*pénde*
sechs	*éksi*
sieben	*eftá*
acht	*októ*
neun	*ennéa*
zehn	*déka*
einhundert	*ekató*
eintausend	*chília, chílji, chíljes (n, m, f)*

Wochentage

Montag	*Deftéra*
Dienstag	*Tríti*
Mittwoch	*Tetárti*
Donnerstag	*Pémpti*
Freitag	*Paraskewí*
Samstag	*Sáwwato*
Sonntag	*Kyriakí*

Unterwegs

rechts	*deksiá*
links	*aristerá*
geradeaus	*efthía*
Wie weit ist es nach ...?	*Pósso makriá ine ja ...?*
Wie kommt man nach ...?	*Poss boró na páo sto ...?*
Wo ist ...	*Pu íne ...*
– die nächste Werkstatt?	*– to epómeno sinerjío?*
– der Bahnhof?	*– o stathmós?*
– der Flughafen?	*– to aerodrómio?*
– die Touristen-information?	*– to praktorío turistikón pliroforión?*
– die nächste Bank?	*– mía trápesa edó kondá?*
– die nächste Tankstelle?	*– éna wensinádiko edó kondá?*
Bitte voll tanken!	*Jemíste, parakaló!*
Normalbenzin	*wensíni aplí*
Super	*súper*
Diesel	*petréleo*
bleifrei	*amóliwdi*
Öl	*ládi*
Panne	*wláwi*
Ich möchte ein Auto/Fahrrad mieten.	*Tha íthela na nikijásso éna aftokínito/ éna podilato.*
Wir hatten einen Unfall.	*Íchame éna atíchima.*
Wo finde ich ...	*Pu boró na wró ...*
– einen Arzt?	*– éna jatró?*
– eine Apotheke?	*– éna farmakío?*
Eine Fahrkarte nach ... bitte!	*Éna issitírio ja ... parakaló!*

Übernachten

Ich suche ein Hotel.	*Psáchno éna ksenodochío.*
Ich suche ein Zimmer für ... Personen.	*Psáchno éna domátio ja ... átoma.*
Ich möchte ein Zimmer mit Bad.	*Tha íthela éna domátio me banjo.*
Haben Sie noch Zimmer frei ...	*Échete éna domátio eléfthero ...*
– für eine Nacht?	*– ja mía níchta?*
– für zwei Tage?	*– ja dio méres?*
– für eine Woche?	*– ja mía ewdomáda?*
Ich habe ein Zimmer reserviert.	*Éklissa éna domátio.*
Wie viel kostet das Zimmer ...	*Póso kostísi to domátio ...*
– mit Frühstück?	*– me proinó?*
– mit Halbpension?	*– me éna jéwma?*
Kann ich das Zimmer sehen?	*Boró na do to domátio?*
Ich nehme das Zimmer.	*Tha to páro.*
Einzelzimmer	*monóklino*
Doppelzimmer	*díklino*
Kann ich mit Kreditkarte zahlen?	*Boró na plirós so me pistotikí kárta?*
Haben Sie noch Platz für einen Wohnwagen?	*Ipárchi chóros ke ja éna trochóspito?*
Ich möchte mich beschweren.	*Thélo na paraponethó.*
funktioniert nicht	*den liturgí*

Essen und Trinken

Die Speisekarte bitte!	*Ton katálogo, parakaló!*
Die Rechnung bitte!	*To logarjasmó, parakaló!*
Ich hätte gern ...	*Tha íthela ...*
Auf Ihr Wohl!	*Stin ijá sas!*
Wo finde ich die Toiletten (Damen/Herren)?	*Pu íne i tualéttes (jinekíes/andrikés)?*
Kellner/-in	*servitóros/servitóra*
Frühstück	*proinó*
Mittagessen	*mesimerianó*
Abendessen	*dípno*
Ich möchte kein(en) Fleisch/Fisch.	*Tha protimúsa na mín fáo kréas/psári.*

Einkaufen

Wo gibt es ...?	*Pu échi .../ pu ipárchi ...?*
Haben Sie ...?	*Échete ...?*
Wie viel kostet ...?	*Pósso káni/ pósso kostísi ...?*
Das ist zu teuer.	*Íne polí akriwó.*
Das gefällt mir/ gefällt mir nicht.	*Aftó mu aréssi/ dén mu aréssi.*
Ich nehme es.	*Tha to páro.*
Geben Sie mir bitte 100 Gramm/ ein Kilo ...	*Dóste mu sas parakaló ekató grammária/ éna kiló ...*
Danke, das ist alles.	*Aftá, efcharistó.*
geöffnet/ geschlossen	*aniktá/klistá*
Bäckerei	*artopiío, fúrnos*
Kaufhaus	*polikatástima*
Markt	*agorá/laikí*
Metzgerei	*kreopolío*
Lebensmittelgeschäft	*pandopolío/ míni márket*
Post	*tachidromío*
Briefmarken für einen Brief/ eine Postkarte nach ...	*grammatóssima ja éna grámma/ ja mía kárta pros ...*

Gesundheit

Krankenhaus	*nosokomío*
Rettungswagen	*asthenophóro*
Fieber	*pyretós*
Ich habe Bauchschmerzen (Kopfschmerzen/Zahnschmerzen/Durchfall)	*Écho ponókilo (ponokéfalo/ ponódondo/ efkília)*
Schmerztabletten	*pafsípono/ analgitiká chápia*
Hilfe!	*Voíthia!*

Die wichtigsten kulinarischen Begriffe

A

achládi (αχλάδι): Birne
aláti (αλάτι): Salz
anginńres (αγκινάρεο): Artischocken
angúrja saláta (άγγούριασαλάτα) Gurkensalat
arakádes (αρακάδες): Erbsen
arnáki (αρνάκι): Lamm
– *fasolákja (αρνάκι φασολάκια):* Lammfleisch mit grünen Bohnen
arní (αρνί): Hammel
áspro krassí (άσπρο κρασί): Weißwein
astakós (αστακός): Hummer
awgó, awgá (αυγό, αυγά): Ei, Eier

B

bakaljáros (βακαλιάροσ): Stockfisch
bamjés (μπαμιές): Okra-Schoten
barbúnja (μπαρμπούνια): Rotbarben
biftéki (μπιφτέκι): Frikadelle
bíra (μπύρα): Bier
bríám (βριάμ): eine Art Ratatouille mit Auberginen
brisóla (μπρισόλα): Kotelett (Rind oder Schwein)

C

chirinó (χοιρινό): Schwein
choriátiki (χωριάτικι): Bauernsalat mit Schafskäse

D

diáfora orektiká (διάφορα ορεκτικά): gemischte Vorspeisen
dolmadákja (ντολμαδάκια): mit Reis gefüllte, kalte Weinblätter
dolmádes (ντολμάδες): gefüllte Wein-, Kohl- oder Zucchiniblütenblätter
domátes jemistés (ντομάτες γεμιστές): gefüllte Tomaten
domátosaláta (ντομάτοσαλάτα): Tomatensalat
dsadsíki (τζατζίκι): Joghurt mit geriebener Gurke, Knoblauch, Zwiebeln und Olivenöl

E

eljés (ελιές): Oliven
entrádes (εντράδες): Eintopf- und Fertiggerichte

F

falsétta: gegrillter Bauchspeck
fassoláda (φασολάδα): Bohnensuppe
féta (φέτα): weißer Schafskäse
fráules (φράουλες): Erdbeeren
frúta (φρούτα): Obst

G

garídes (γαρίδες): Tiefseekrabben
gála (γάλα): Milch
gasósa (γκαζόζα): süßer Sprudel
gávros (γαύροσ): Sardelle
gígandes (γιγάντες): Saubohnen
gliká (γλυκά): Süßspeisen
glóssa (γλώσσα): Seezunge
gurunópulo (γουρουνόπουλο): Spanferkel

I/J

ja'úrti anjeládos (γιαούρτι αγελάδος): Joghurt aus Kuhmilch
– *prówjo (πρόβειο):* Joghurt aus Schafsmilch
jemistés (γεμιστές): gefüllte Tomaten und Paprikaschoten

K

kafés (καφές): griechischer Kaffee
– *dipló (διπλό):* doppelte Portion
– *glikó (γλυκό):* süß
– *métrio (μέτριο):* leicht gesüßt
– *skétto (σκέττο):* ungesüßt
kalamarákja (καλαμαράκια): Tintenfische
karkínos (καρκίνος): Krebs
karpúsi (καρπούσι): Wassermelone
katsíki (κατσίκι): Zicklein
kefalotíri (κεφαλοτύρι): Hartkäse
keftédes (κεφτέδες): Hackfleischkugeln
kimá (κυμά): Hackfleisch
kinígos (κυνηγόσ): Goldmakrele
kléftiko (κλεύτηκο): im Backofen

gegartes Lamm- oder Zickleinfleisch
kokkinistó (κοκκινιστό): geschmort
kokorédsi (κοκορέτσι): am Spieß gegrillte Innereien
kolokithákja (κολοκυδάκια): Zucchini
konják (κονιάκ): Brandy
kotópulo (κοτόπουλο): Huhn
krassí (κρασί): Wein
kréas (κρέας): Fleisch
kunupídi (κουνουπίδι): Blumenkohl
kunéli (κουνέλι): Kaninchen

L
lachanikó (λαχανικό): Gemüse
láchano saláta (λάχανοσαλάτα): Krautsalat
ládi (λάδι): Öl
lemóni (λεμόνι): Zitrone
limonáda (λεμονάδα): Zitronenlimonade
lithríni: Meerbrasse
lukánika (λουκάνικα): Würstchen
lukanikópitta (λουκανικόπιττα): Würstchen im Schlafrock aus Blätterteig

M
manúri (μανούρι): Schafskäse
marídes (μαρίδες): Sardellen
marúli saláta (μαρύλι σαλάτα): Römersalat
máwro krassí (μαΰρο κρασί): Rotwein
meli (μέλι): Honig
melidsánes (μελιτζάνες): Auberginen
melidsánosaláta (μελιτζάνοσαλάτα): kaltes Auberginenpüree
metallikó neró (μεταλλικό νερό): Mineralwasser ohne Kohlensäure
mídja (μύδια): Muscheln
misíthra (μυζύθρα): Quark
mílo (μήλο): Apfel
moss'chári (μοσχάρι): Kalb
mugrí (μουγγρί): Meeraal
mussakás (μουσακάς): Auberginenauflauf
mustárda (μουστάρδα): Senf

N
neró (νερό): Wasser
nescafé (νεσκαφέ): Instant-Kaffee
– frappé (φραππέ): kalt
– sestó (ζεστό): heiß

P
pagotó (παγωτό): Eiscreme
païdakja (παϊδάκια): Lammkoteletts
pastídsjo (παστίτσο): Makkaroni-Hackfleisch-Auflauf
patátes (πατάτες): Kartoffeln
patsá (πατσά): Kuttelsuppe
peppóni (πεπόνι): Honigmelone
portokaláda (πορτοκακάδα): Orangeade
portokáli (πορτοκάλι): Apfelsine
psári (ψάρι): Fisch
psomí (ψωμί): Brot

S
sáchari (ζάχαρι): Zucker
saganáki (σαγγανάκι): gegrillter Schafskäse
sikiá (συκιά): Feige
sikóti (σηκώτι): Leber
skórdo (σκόρδο): Knoblauch
spanakópitta (σπανακόπιττα): Spinatpastete
stifádo (στιφάδο): geschmortes Rindfleisch mit Zwiebelgemüse
sudsukákja (σουτζουκάκια): Hackfleischwürstchen in Soße
súpa awgolémono (σούπα αυγολέμονο): Brühe mit Reis, Eiern und Zitrone
suwlákja (σουβλάκια): Schweinefleischspießchen

T
taramosaláta (ταραμοσαλάτα): Fischrogenpüree
timokatálogos (τιμοκατάλογος): Speisekarte
tirjá (τυριά): Käse
tirópitta (τυρόπιττα): Käsepastete
tónnos (τόννός): Thunfisch
tsai (τσάϊ): Tee

X
xídi (ξύδι): Essig
xifías (ξιφίας): Schwertfisch

Nützliche Adressen und Reiseservice

AUF EINEN BLICK

Einwohner: 800 000, davon etwa 90 000 türkische Zyprioten im türkisch besetzten Norden. Dort zusätzlich 50 000–80 000 anatolische Neusiedler.
Fläche: 9251 qkm, davon 37 % Nord-Zypern, 3 % UN-Pufferzone.
Religion: Griechisch-orthodox, in Nord-Zypern sunnitische Moslems. Armenische und maronitische Minderheit.
Sprache: Griechisch, in Nord-Zypern Türkisch. Fast alle echten Zyprioten sprechen gut Englisch.
Staatsform: Parlamentarische Demokratie.
Wirtschaft: Tourismus, Schifffahrt, Lebensmittel-, Textil- und Schuhindustrie.

ANREISE

Mit dem Flugzeug

Charterflüge verbinden Lárnaca und Páphos ganzjährig mit mehreren Städten in den deutschsprachigen Ländern. **Linienmaschinen** fliegen von Wien, Zürich und Frankfurt mehrmals wöchentlich nach Lárnaca, von Frankfurt außerdem einmal wöchentlich nach Páphos. Auch Nord-Zypern besitzt mit Ercan bei Nicosia einen guten Flughafen, der aus rechtlichen Gründen aber nur aus der Türkei angeflogen werden darf. Bei Flügen aus Deutschland sind immer eine Zwischenlandung oder gar ein Umsteigen in der Türkei notwendig. Man reist daher besser über Lárnaca an.

Mit der Fähre

Direkte Fährverbindungen von Italien nach Zypern gibt es nicht. Man muss zunächst von Venedig, Triest, Ancona oder Brindisi nach Patras auf dem Peloponnes übersetzen, über Land nach Piräus weiterfahren und dort dann eine Fähre nach Limassol nehmen. Auskunft darüber geben gute Reisebüros sowie die Neptunia Fähragentur in München; Tel. 0 89/89 60 73 40, Fax 89 66 47 37; www.neptunia.de.

Einreiseformalitäten

EU-Bürger und Schweizer benötigen für die Einreise nur einen gültigen Personalausweis. Bürger anderer Staaten erkundigen sich bei der Fremdenverkehrszentrale (→ S. 105). Für Kinder ist ein Kinderausweis (ab zehn Jahren mit Lichtbild) oder ein Eintrag im Pass der mitreisenden Eltern erforderlich.

Einreise nach Nord-Zypern

Auch für die Einreise nach Nord-Zypern genügt für EU-Bürger der Personalausweis. Wer jedoch direkt aus dem Ausland nach Nord-Zypern einreist, darf Süd-Zypern nicht besuchen. Der Grund: Die griechischen Zyprer betrachten zurzeit noch eine direkte Einreise in den Norden als illegal. Über aktuelle Änderungen informieren die Fremdenverkehrszentrale Zypern und die Nord-Zypern-Information (→ S. 105).

Ankunft auf Zypern

Am Hafen von Limassol und in den Flughäfen in Lárnaca und Páphos sind die Informationsbüros der **Fremdenverkehrszentrale** Zypern immer geöffnet, wenn Flüge oder Schiffe ankommen. Dort erhalten Sie Hilfe bei der Hotelsuche sowie das monatliche Veranstaltungsverzeichnis »Monthly Events« (auf Englisch) und kostenlose Stadtpläne und Inselkarten. Die Bankschalter an den Flughäfen sind zu allen Ankunftszeiten geöffnet.

Vom Flughafen zum Urlaubsort

Vom Flughafen Páphos fährt der Stadtbus Nr. 12 täglich um 8, 10, 12, 14, 16 und 18 Uhr in die Stadt. In Lárnaca verbindet der Stadtbus Nr. 19 den Flughafen werktags zwischen 6 und 18 Uhr etwa stündlich mit dem Stadtzentrum an der Lazarus-Kirche. Samstags fährt er nur bis 12 Uhr, sonntags gar nicht. Wer vom Flughafen aus preiswert in andere Orte fahren möchte, lässt sich am besten vom Taxi zum Büro eines der **Sammeltaxi**-Unternehmen oder zum **Busbahnhof** bringen, um von dort aus weiterzureisen.

Bis zu sechsmal täglich fahren auch Busse direkt vom Flughafen Lárnaca nach Nicosia, Limassol und Agía Nápa; Auskunft bei der Tourist-Information im Flughafen. Sammeltaxis verkehren nur montags bis freitags zwischen 7 und 19 Uhr sowie samstags bis ca. 14 Uhr.

Sammeltaxi oder Taxi

Die Fahrt mit einem Individualtaxi kostet etwa siebenmal mehr als die Fahrt im Sammeltaxi pro Person. Eine Fahrt im Sammeltaxi wiederum ist fast doppelt so teuer wie im Linienbus; dafür werden Sie am Zielort bis zur gewünschten Adresse gefahren. Außerdem können an beiden Flughäfen Autos angemietet werden.

Für körperbehinderte Reisende

An beiden Flughäfen stehen Rollstuhlaufzüge, Klapprollstühle und spezielle Waschräume mit Toiletten bereit. Die Fluggesellschaft, mit der man fliegt, sollte rechtzeitig über den individuellen Bedarf informiert werden.

Auskunft

Fremdenverkehrszentrale Zypern In Deutschland, Österreich und der Schweiz:

- **Zeil 127, 60313 Frankfurt; Tel. 0 69/25 19 19, Fax 25 02 88; E-Mail: CTO_FRA@t-online.de**
- **Parkring 20, 1010 Wien; Tel. 01/5 13 18 70, Fax 5 13 18 72; E-Mail: zyperntourism@aon.at**
- **Gottfried-Keller-Str. 7, 8001 Zürich; Tel. 0 44/2 62 33 03, Fax 2 51 24 17; E-Mail: ctozurich@bluewin.ch**

Nord-Zypern-Tourismuszentrum Für Deutschland, Österreich und die Schweiz:

- **Baseler Str. 35–37, 60329 Frankfurt; Tel. 0 69/24 00 79 46, Fax 24 00 79 48; www.nordzypern-touristik.de**

Entfernungen (in km) zwischen wichtigen Orten auf Zypern

	Agía Nápa	Famagusta	Koúrion	Kyrénia	Lárnaca	Léfkara	Limassol	Nicosia	Páphos	Pólis	Tróodos-Gebirge
Agía Nápa	–	21	123	110	41	82	107	80	175	210	153
Famagusta	21	–	126	80	44	85	110	55	178	213	156
Koúrion	123	126	–	123	82	66	16	98	50	85	48
Kyrénia	110	80	123	–	69	83	107	25	175	210	100
Lárnaca	41	44	82	69	–	41	66	44	134	169	112
Léfkara	82	85	66	83	41	–	50	58	118	153	112
Limassol	107	110	16	107	66	50	–	82	68	103	46
Nicosia	80	55	98	25	44	58	82	–	150	185	78
Páphos	175	178	50	175	134	118	68	150	–	35	114
Pólis	210	213	85	210	169	153	103	185	35	–	149
Tróodos-Gebirge	153	156	48	100	112	96	46	78	114	149	–

In der Republik Zypern

Agía Nápa: ⇢ S. 119, E 16
– Am Kloster; Tel. 23 72 17 96

Lárnaca:
– Ankunftshalle Flughafen;
Tel. 24 64 35 76 ⇢ S. 117, F 10
– Plátia Vasiléos Pávlou; ⇢ S. 31, c 3
Tel. 24 65 43 22

Limassol:
– Odós Spírou Araoúzou 115 A;
Tel. 25 36 27 56 ⇢ S. 39, a 2
– Fährhafen; Tel. 25 57 18 68

Nicosia:
– Laikí Yitoniá;
⇢ Umschlagkarte hinten, d 5
Tel. 22 67 42 64

Páphos:
– Ankunftshalle Flughafen;
Tel. 26 42 31 61 ⇢ S. 112, B 4
– Odós Gladstone 3; ⇢ S. 61, b 2
Tel. 26 93 28 41

Plátres: ⇢ S. 113, E 3
– Platía (nur. April–Okt.); Tel. 25 42 13 16

Pólis: ⇢ S. 112, B 2
– Vasiléos Stasioíkou A 2;
Tel. 26 32 24 68

Buchtipps

Zeilinger, Johannes (Hg.): **Cypern – Orient und Okzident**, Matthes und Seitz, 1997. Ein Lesebuch mit Texten aus drei Jahrtausenden.
Eideneier, Hans und Niki (Hg.): **Zyprische Miniaturen**, Romiosini Verlag, 1987. Anthologie mit Texten zeitgenössischer griechischer und türkischer Zyprioten.
Durrell, Lawrence: **Bittere Limonen**. Erlebtes Cypern, Rowohlt-Taschenbuch. Humor- und stimmungsvolle Autobiografie aus den 1950er-Jahren.

Diplomatische Vertretungen

Deutsche Botschaft
⇢ Umschlagkarte hinten, südl. b 6
Odós Nikitáras 10, Nicosia;
Tel. 22 45 11 45

Österreichisches Generalkonsulat
⇢ Umschlagkarte hinten, d 5
Leofóros D. Sevéri 34, Nicosia;
Tel. 22 41 01 51

Schweizer Botschaft
⇢ Umschlagkarte hinten, südl. f 6
Odós Th. Dervi 46, Nicosia;
Tel. 22 46 68 00

Eintrittspreise

Eintrittspreise für Museen und archäologische Stätten liegen in der Republik meist nicht über 2 €. Nur zum Beispiel im Nationalmuseum in Nicosia und für die Mosaiken in Páphos werden ca. 2,60 € verlangt. In Nord-Zypern liegen sie zwischen 4,50 und 9 YTL. Ermäßigungen gibt es in der Regel für Schüler, Studenten und Senioren.

Feiertage

An den nationalen Feiertagen sind alle Büros, Behörden, Banken und nahezu alle Geschäfte außer Autovermietungen und Souvenirläden im jeweiligen Inselteil geschlossen.

Feiertage in der Republik sind der 1. Jan., 6. Jan., 25. März, 1. April, 1. Mai, 15. Aug., 1. Okt., 28. Okt., 24.–26. Dez. und 31. Dez. Hinzu kommen die beweglichen Feiertage Rosenmontag, Karfreitag, Oster- und Pfingstmontag (→ Feste und Events, S. 20).

Feiertage in Nord-Zypern sind der 1. Jan., 23. April, 1. Mai, 19. Mai, 20. Juli, 30. Aug., 29. Okt. und 15. Nov. Hinzu kommen die beweglichen Feiertage Kurban Bayramı (im Dezember) und Şecer Bayramı, der letzte Tag des Fastenmonats Ramadan (im Oktober).

FKK

FKK ist in Zypern streng verboten und auch nicht üblich; »oben ohne« zu baden wird jedoch an allen Stränden geduldet.

Fotografieren

In Museen ist das Fotografieren nur mit im Voraus beantragter schriftlicher Genehmigung erlaubt. In den Kirchen und Klöstern fragen Sie bitte Mönch, Nonne oder Priester nach der Erlaubnis.

Geld

Seit 2008 ist der Euro auch in Zypern die Landeswährung. Die zypriotischen Euro-Münzen zeigen drei Motive: zwei zypriotische Mufflons, das antike Schiff von Kyrénia (→ S. 84) und ein 5000 Jahre altes, kreuzförmiges Idol aus dem Zypern-Museum in Nicosia (→ S. 52).

Euro können in Süd-Zypern an den zahlreich vorhandenen, auch in den Ankunftshallen der Flughäfen aufgestellten Bankautomaten mit EC-/Maestro- oder Kreditkarten gezogen werden. Die heimischen Banken erheben dafür in der Regel eine Gebühr von 1 %, mindestens aber 5 Euro, sodass es vorteilhafter ist, einen größeren als mehrere kleine Beträge abzuheben.

Offizielle Landeswährung in Nord-Zypern ist die Neue Türkische Lira (YTL). Der Euro wird jedoch überall als Zahlungsmittel akzeptiert. Wechselgeld wird meist in Türkischen Lira ausbezahlt, der Wechselkurs wird vom Handelspartner einseitig festgesetzt. Bleibt man länger als einen Tag in Nord-Zypern, lohnt es sich darum, türkische Lira bei Banken einzutauschen oder an Bargeldautomaten zu ziehen.

Kreditkarten werden in beiden Inselteilen weithin akzeptiert. Visa und Mastercard sind am stärksten verbreitet.

Internet

www.kypros.org/zypern
Plattform mit Informationen zum Land, Tourismus, Flora und Fauna, Wandern, Geschichte und mehr.
www.zyperninfos.de
Informationen zu Orten, Ausflügen, Geschichte, Religion. Dort können Sie auch Ihre Reiseberichte veröffentlichen.
www.wandern-zypern.de
Infos über Wanderreisen, Ausflüge und Hotelangebote.
www.visitcyprus.org.cy
Offizielle Website des Fremdenverkehrsamts Süd-Zyperns.
www.nordzypern-touristik.de
Offizielle, sehr ausführliche Website der Nord-Zypern-Information.

Wechselkurse

Lira YTL	Euro €	Franken sfr
1	0,49	0,77
5	2,43	3,85
10	4,85	7,69
20	9,70	15,38
30	14,55	23,07
50	24,25	38,46
100	48,50	76,86
250	121,26	192,15
500	242,51	384,30
750	363,77	576,46
1000	485,02	768,62
1500	727,53	1152,92
10 000	4850,23	7686,15

Stand: April 2008

Nebenkosten in Euro (Republik)

1 Tasse Kaffee	3,20
1 Bier (0,63 l)	2,70
1 Cola	2,00
1 kg Brot	1,30
1 Schachtel Zigaretten	4,00
1 Liter Benzin	1,00
Fahrt mit öffentl. Verkehrsmitteln (Einzelfahrt)	1,40
Mietwagen pro Woche	ab 180,00

Kleidung

Zwischen Oktober und Mai sollte leichte Regenbekleidung im Gepäck nicht fehlen. In diesen Monaten braucht man auch einen warmen Pullover oder eine Strickjacke für abends. Zwischen November und April können die Temperaturen im Tróodos-Gebirge bis unter den Gefrierpunkt fallen. Zum Wandern brauchen Sie feste Schuhe, wegen der Schlangen und Dornen sollten Sie lange Hosen tragen. Vergessen Sie nicht den Sonnenhut!

Medizinische Versorgung

Schutzimpfungen sind nicht erforderlich. Die ärztliche Versorgung auf Zypern ist gut. Da zwischen Zypern und Deutschland kein Sozialabkommen besteht, muss man Arzt-, Krankenhaus- und Medizinkosten immer zunächst selbst bezahlen.

Wer privat krankenversichert ist oder eine Auslandsreiseversicherung abgeschlossen hat, bekommt die Kosten nach der Rückkehr erstattet. Apotheken sind durch ein rotes Malteserkreuz oder durch ein grünes Kreuz sowie die Aufschrift »Pharmakeion« gekennzeichnet; sie führen zumeist Pharmaka angelsächsischer Firmen.

Mobiltelefone

Die Flächendeckung ist gut, über die Roaming-Tarife informiert Sie Ihr eigener Provider.

Notruf

In der Republik Zypern gilt einheitlich für Feuerwehr, Polizei und Krankenwagen die Rufnummer 199. In Nord-Zypern: Polizei Tel. 155, Krankenwagen Tel. 112, Feuerwehr Tel. 199.

Politik

Laut Verfassung ist ganz Zypern eine demokratische Republik mit einem dem präsidialen Prinzip Frankreichs sehr ähnlichen Regierungssystem. Parlament und Präsident werden alle fünf Jahre vom Volk gewählt. De facto gilt diese Verfassung seit 1974 nur noch für den griechischsprachigen, nicht von der Türkei besetzten nördlichen Inselteil.

Staatspräsident war von 2003 bis Anfang 2008 Tássos Papadópoulos, der seinen langjährigen Amtsvorgänger Kláfkos Klerídes ablöste. Er war ein Hauptverfechter des »Neins« zum Anan-Plan.

Nord-Zyperns Politik wurde seit 1975 von Rauf Denktasch geprägt, der auch die nur von der Türkei anerkannte »Türkische Republik Nord-Zypern« proklamierte. Gegenwind bekam er erst durch die Wahl von Mehmet Ali Talat zum Ministerpräsidenten im Dezember 2003, der bei Neuwahlen im Februar 2005 in seinem Amt bestätigt wurde.

Von 2004 bis Anfang 2008 gab es keinerlei ernsthafte Bemühungen um eine Annäherung beider Seiten in der Wiedervereinigungsfrage. Bei den Präsidentschaftswahlen im Februar 2008 bekam Präsident Papadópoulos dafür die Quittung und schied schon in der ersten Runde der Wahlen aus. In der folgenden Stichwahl siegte der Kommunist Dímitris Christófias.

Post

Postämter gibt es in allen größeren Orten. Sie sind Mo–Fr 7.30–13.30 und Do 15–18 Uhr geöffnet, in den Städten auch an manchen Nachmittagen.

Reisedokumente

Bürger der EU-Staaten benötigen zur Einreise nur einen gültigen Personalausweis. Kinder müssen im Pass der Eltern eingetragen sein oder aber einen eigenen Kinderausweis – ab zehn Jahren mit Lichtbild – besitzen.

Reiseknigge

Kleidung: Wer mit nacktem Oberkörper durch Dörfer und Städte geht, macht sich lächerlich. In Kirchen, Klöstern und Moscheen sollten Knie und Schultern bedeckt sein. Zu vielen Klöstern haben Shorts-Träger und Damen in Hosen keinen Zutritt. Moscheen betritt man ohne Schuhe.

Kirchen: In Kirchen verschränkt man weder Arme noch Beine. Ikonen dreht man nicht den Rücken zu, wenn man dicht vor ihnen steht.

Beschwerden: Lautstark vorgebrachte Beschwerden haben wenig Aussicht auf Erfolg. Besser man appelliert an die Hilfsbereitschaft des anderen und drückt deutlich sein Vertrauen in dessen Fähigkeit aus, das Problem zu lösen.

Reisewetter

Die besten Reisemonate sind April und Mai, wenn es kaum noch regnet und es noch nicht zu heiß ist. Im Sommer können die Temperaturen bis 45 °C steigen, was vor allem im Landesinnern, wo die leichte Meeresbrise fehlt, das Reisen anstrengend macht. Die Sommer sind trocken, die Winter mild, aber reich an Niederschlägen (besonders im Dezember und Januar), im Tróodos-Gebirge schneit es in Lagen über 1500 m im Winter häufig. Dennoch gehört Zypern mit 320 Sonnentagen im Jahr zu den sonnenverwöhntesten Regionen des gesamten Mittelmeerraumes.

Das Wasser kann im August bis 27 °C warm werden; im Januar/Februar fällt die Wassertemperatur auf etwa 17 °C. Die Badesaison geht von April bis November.

Rundfunk

Im Zweiten Programm von RIK (603 KHz, 498 m) werden täglich außer So von 10–12, 13–14.30 und 20–24 Uhr Sendungen in englischer Sprache ausgestrahlt. Überall gut zu empfangen sind auch der World Service von BBC und die Deutsche Welle.

Stromspannung

220/240 Volt Wechselstrom. Deutsche Stecker passen leider fast nie; die erforderlichen Zwischenstecker sind an den Hotelrezeptionen gegen eine Leihgebühr oder Pfandhinterlegung erhältlich.

Telefon

Öffentliche Kartentelefone sind in der Republik weit verbreitet; Telefonkarten sind in vielen Geschäften erhältlich. Hotels verlangen für Telefonate oft horrende Aufschläge. Wer viel telefonieren will, kauft sich besser eine zyprische Prepaid Card und spart so bis zu 90 % Gesprächsgebühren! In Nord-Zypern sind Telefonzellen sehr selten. Hier geht man für Auslandsgespräche am besten in eine der vielen Telekommunikationszentralen.

Vorwahlen

Zypern → D 00 49
Zypern → A 00 43
Zypern → CH 00 41
D, A, CH → Republik Zypern 0 03 57
D, A, CH → Nord-Zypern 0 09 03 92

Alle Telefonnummern in der Republik Zypern sind mit Ausnahme einiger Notrufnummern achtstellig, in Nord-Zypern siebenstellig. Eine Ortsnetzkennzahl gibt es nicht, die vollständige Rufnummer muss also auch bei Ortsgesprächen und bei Gesprächen aus dem Ausland nach Zypern gewählt werden.

Trinkgeld

Die Höhe des Trinkgeldes ist der in Deutschland ähnlich.

Verkehrsverbindungen

Mietwagen

Autos, Motorräder, Mopeds und Fahrräder können Sie in allen Städten und Urlaubsorten mieten. Eine Reservierung für Autos ist insbesondere für eine Mietdauer von maximal drei Tagen empfehlenswert. Zur Anmietung genügt der nationale Führerschein; der Mieter muss mindestens 21 Jahre alt sein.

Mietwagen der Mittelklasse für ein bis sechs Tage kosten pro Tag etwa 30–40 €, für sieben bis 14 Tage muss man pro Tag mit etwa 27–36 € rechnen oder pro Woche ab 180 €.

Auf Zypern herrscht Linksverkehr! Die Ausschilderung erfolgt in griechischer und lateinischer Schrift. Parkplätze sind in den Städten knapp; die Polizei bedenkt Falschparker mit Strafzetteln. Tankstellen sind meist nur Mo–Fr 7.30–18 und Sa 7.30–13 Uhr geöffnet. Außerhalb dieser Zeiten stehen Tankautomaten zur Verfügung.

Öffentliche Verkehrsmittel

Sammeltaxis sind das am häufigsten benutzte öffentliche Verkehrsmittel. Dabei handelt es sich um verlängerte Mercedes-Limousinen mit sieben Sitzplätzen. Sie verkehren Mo–Sa zwischen 9 und 19 Uhr zwischen den Städten. Sie können einen Platz persönlich oder telefonisch im Büro eines Sammeltaxi-Unternehmens buchen und werden dann zum vereinbarten Termin abgeholt. Die Telefonnummern der Sammeltaxis erfahren Sie in jedem Hotel.

Zwischen den Städten verkehren nur Mo–Sa zwischen 9 und 19 Uhr zahlreiche Linienbusse. Die Dörfer hingegen besitzen meist ihre eigenen, staatlich subventionierten Busse. Der Fahrplan richtet sich fast ausschließlich nach den Interessen der Dorfbewohner; z. B. morgens vom Dorf in die Stadt und am Nachmittag zurück. Das macht Tagesausflüge in die Dörfer mit dem Bus unmöglich.

Die Hauptstrecken für Linienbusse und Sammeltaxis sind: Agía Nápa–Lárnaca; Lárnaca–Nicosia; Lárnaca–Limassol; Nicosia –Limassol; Limassol–Páphos; Páphos–Pólis. Gute Busverbindungen gibt es auch zwischen Limassol und Plátres im Tróodos-Gebirge. In Nord-Zypern holen die hier Dolmus genannten Sammeltaxis ihre Fahrgäste nicht vom Hotel ab, sondern haben feste Standplätze. Fahrpreise für Busse sind niedrig, für 50 km zahlt man ca. 3,50 €. Ein Platz im Sammeltaxi kostet etwa das Doppelte. Individuelle Taxis kosten ca. 0,55 €/km. In Nord Zypern sind sie noch etwas preiswerter.

Wirtschaft

Nur noch etwa 8 % der griechischen Zyprer sind in Land- und Forstwirtschaft sowie Fischerei tätig. Wichtigste Produkte sind Weintrauben, Kartoffeln und Gerste; als Nutztiere werden überwiegend Schafe, Schweine und Ziegen gehalten.

Der Bergbau spielt nur noch eine geringe Rolle. Neben Sand, Kies und Kalkstein werden hauptsächlich Tonerde, Gipsgestein und Marmor abgebaut. Großindustrie fehlt; produziert werden vor allem Schuhe, Textilien und Obstkonserven. Die größten Exporterlöse werden mit Nahrungsmitteln und Textilien erzielt. Große Bedeutung hat Zypern als Schifffahrtsnation. Unter zyprischer Flagge sind mehr als 2300 Schiffe registriert. Größter Devisenbringer ist der Tourismus. 2007 kamen etwa 2,5 Millionen ausländische Urlauber, davon etwa 140 000 Deutsche.

Zeitungen und Zeitschriften

Deutschsprachige Zeitungen und Illustrierte sind mit ein- bis zweitägiger Verspätung in Nicosia und in den Urlaubsorten erhältlich. Gute Dienste für die Reisevorbereitung leistet das MERIAN Magazin »Zypern« (ISBN 978-3-7742-7004-6).

Zeit

Auf Zypern gilt die osteuropäische Zeit, die der mitteleuropäischen Zeit um eine Stunde voraus ist.

Zoll

Seit dem EU-Beitritt Zyperns dürfen EU-Bürger alles für den eigenen Bedarf zollfrei nach Zypern einführen und aus Zypern mit in ein EU-Land nehmen. Als Eigenbedarf gelten 800 Zigaretten, 90 l Wein und 10 l Spirituosen pro Person. Für Schweizer gelten weiterhin die alten Obergrenzen. Strenge Impfvorschriften für Tiere.

Weitere Auskünfte erhalten Sie unter www.zoll.de, www.bmf.gv.at/zoll und www.zoll.ch.

Kartenatlas

Orientierung leicht gemacht: mit Planquadraten und allen Orten und Sehenswürdigkeiten.

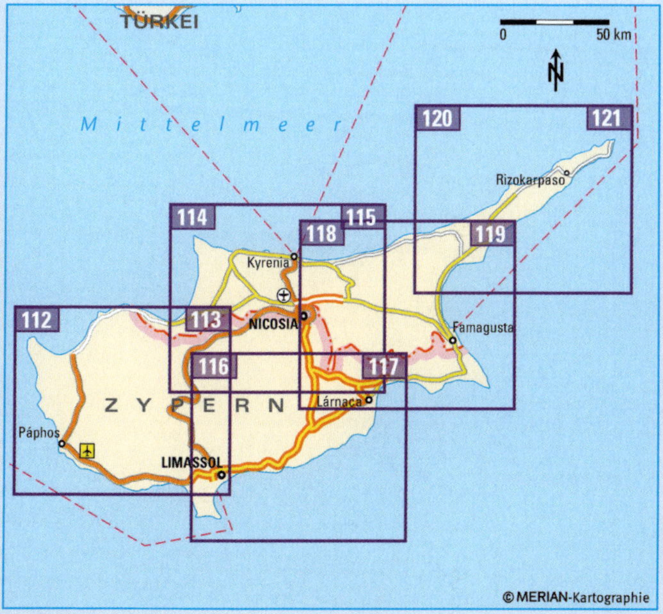

Legende

Routen und Touren

- Zehntägige Zypernrundfahrt (S. 90)
- Tagesausflug ab Páphos (S. 92)
- Rund um den Olymp (S. 93)
- Wanderung nach Plátres (S. 94)
- Von Famagusta zum Andréas-Kloster (S. 95)

Sehenswürdigkeiten

- MERIAN-TopTen
- MERIAN-Tipp
- Sehenswürdigkeit, öffentl. Gebäude
- Sehenswürdigkeit Kultur
- Sehenswürdigkeit Natur
- Kirche; Kloster

Sehenswürdigkeiten ff.

- Kirchen-; Klosterruine
- Schloss, Burg; Ruine
- Moschee
- Museum
- Denkmal
- Leuchtturm
- Windmühle
- Archäologische Stätte
- Höhle

Verkehr

- Autobahn
- Autobahnähnliche Straße
- Fernverkehrsstraße
- Hauptstraße
- Nebenstraße
- Unbefestigte Straße, Weg
- Fußgängerzone

Verkehr ff.

- Parkmöglichkeit
- Busbahnhof; Bushaltestelle
- Schiffsanleger
- Flughafen; -platz

Sonstiges

- Information
- Theater
- Markt
- Botschaft, Konsulat
- Golfplatz
- Camping
- Strand
- Aussichtspunkt
- Friedhof
- Nationalpark
- Naturpark

A
B
C
1
2
3
4
Chrysochoú Bay
Mittelmeer
Mazaki Island
Cape Arnaoutis
Fontana Amorosa
Ágios Georgios Island
Takkas Beach
Loutra Aphroditis
Pórto Latchi
Latchí
Marion
Néo Chória
Pólis
Prodromi
Akámas
Geranisos Point
Androlíkou
Faslí
Drouseia
Ineia
Turtle Project
Káto Aródes
Páno Aródes
Lára Beach
Avgas
Káthikas
Cape Drépano
Gerónisos Island
Snake George's Reptile Park
Ágios Geórgios Pegaias
Pégia
Paleokástro
Coral Bay
Kissónerga
Lémpa
Chlórakas
Tafoi ton vasileon
PÁPHOS
Káto Páphos
Saranta Kolones
Tourist Beach
Mouliá Rocks
Páphos International Airport
Tími Beach
Point Zefyros
Pétra tou Romioú (Aphrodite-Felsen)
Pétra tou Rom
Pomós Point
Pomos
Pachyammos
Kókkina
Mansoúr
Mosfilerí
Alévga
Néa Dímmata
Agía Marína
Livádi
Giáliá
Argáka
Makoúnta
Kynoúsa
Páfos
Pelathoúsa
Chrysochoú
Karamoullides
Goudí
Chóli
Skoúlli
Steni
Peristeróna
Lysós
Meládra
Tremithoúsa
Filoúsa
Zachariá
Evrétou
Saramá
Tera
Kritou Téra
Káto Akourdáleia
Páno Akourdáleia
Símou
Anadiou
Miliou
Giolou
Drymou
Lása
Fyti
Kritou Marottou
Miliá
Argaki
Thelétra
Thrinia
Kannavioú
Ágios Dimitrianós
Stroúmbi
Psáthi
Akoursós
Polémi
Statós-Ágios Fótios
Choúlou
Lemóna
Pentaliá
Koili
Letymvou
Koúrdaka
Ágios Neóphytos
Kallépeia
Tála
Tsáda
Trimithoúsa
Émpa
Mesógi
Amargéti
Mésa Chório
Axylou
Eledió
Anavargos
Armou
Episkopí
Koniá
Marathounta
Stavrokónnou
Natá
Choléta
Agia Paraskevi
Agía Marinoúda
Yeroskípos
Agía Varvara
Fasoula
Kolóni
Foínikas
Achéleia
Tími
Anarita
Nikókleia
Asprokremmos Dam
Paléo Paph (Aphrodite-
Mandria
Koúklia
7
6
1
10

D
E
F
114
Kókkina Point
Káto Pýrgos
Limnítis
Vouní
Ammandiés
Xeróvounos
Loutrós
Galiní
Várìseia
Sóloi
Gemikonagi
Xerós
Ampelikoú
Lefka
Kaló Chorío
Peristeronári
Eliá
Pétra
Mórphou
Argáki
Másari
Prastió
Kazíverá
Nikítas
Káto Zódeia
Páno Zódela
Kátokopia
Pentágeia
Astromeritis
Peristeróna
Angolémi
Potámi
Káto Koutrafás
Páno Koutrafás
Vizákia
Nikitári
Asinoú
Agía Marína
Katydata
Ágios Epifánios
Linoú
Káto Flásou
Evrychou
Korákou
Temvriá
Kaliána
Sinaótos
Galáta
Kakopetriá
Ágios Theódoros
Ágios Geórgios
Xyliátos
Adelfoi Forest
Kámpos
Tsakístra
Kámpos
Xerós
Limnitis
Sétrachos
Panagía toú Kykkou
Gerakiés
Oíkos
Kalopanayiótis
Moutoullás
Pedhoulás
Marathása
Venetian Bridge
Stavrós tou Agiasmáti
Sarántí
Spília
Panagía tou Arákou
Chandriá
Alithinoú
Platanistása
Lemíthou
Mylikoúri
Prodromos
Tróodos Forest
Kyperounta
Polystypos
Alona
Askás
Treís Eliés
Palaiomylos
Kaminária
1951
Tróodos
Páno Amiantos
Káto Amiantos
Agridia
Dymes
Agrós
Ágios Dimítrios
Tróodos Range
Caledonia Falls
Potamítissa
Páno Plátres
Pelendri
Káto Mylos
Ágios Ioánnis
Ágios Theódoros
Kelephos Bridge
Elia Bridge
Phini
Káto Plátres
Moniátis
Ágios Pávlos
Ágios Nikólaos
Armínou
Filoúsa
Mésana
Praitóri
Mandriá
Péra Pedí
Ágios Mámas
Zoopigí
Kaló Chorío
Louvaras
Vása
Ómodos
Koilání
Kapileió
Kédares
Arsos
Potamiou
Vouní
Silíkou
Lánia
Gerovása
Lófou
Limnátis
Lemesós Forest
Maliá
Kissoúsa
Monágri
Gerása
Apsioú
Ágios Therápon
Korfi
Apesiá
Prastio
Dora
Kryos
Ágios Amvrósios
Mousere
Páchna
675
Spitalí
Fasoula
Páno Kivídes
Alassa
Anógyra
Prastió
Zanakia
Soúni
Palódeia
Ágios Thomás
Avdímou
Paramáli
Kouris Dam
Germasógeia
Polemídia Dam
Ágios Athanasis
Platanísteia
Sotíra
Páno Polemídia
Káto Polemídia
Avdímou
Paramáli
Kántoú
Ypsonas
Mesa Geiton
Erími
Zoo
Sanctuary of Apollon Ylatis
Episkopí
Kolóssi
Pissoúri
Kolossi
Trachóni
LIMASSOL
Koúrion
Tserkezoi
Asomatos
Akrotiri Sovereign Base Area (U.K.)
Cape Aspro
Pissoúri Bay
Avdímou Bay
Episkopí Bay
Phassoúri
Lady Mile Beach
Moni Agiou Nikolaou
Akrotiri
Akrotiri Bay
0
8 km
N
1
2
3
4
5
6
7
8
9
116
© MERIAN-Kartographie

A
B
C
5
6
7
8
Mittelm
Cape Kormakitis
Liverá
Orga
Vavylás
Acheiropoiitos
Lampous
Kormakítis
Pánagra
Vasíleia
Lápithos
Karavás
Lárnakas tis Lapithou
Ftéricha
Myrtou
Agridáki
Paleokástro
Agia Eiríni
Karpáseia
Kampylí
Palaiomylos
Sysklipos
Kiomou
Mórphou Bay
Asómatos
Ágios Ermólaos
Konteménos
Fóta
Aloupos
Dyó Potamoi
Kaló Chorío Kapouti
Skylloúra
Syrianochori
Kyrá
Ágios Vasíleios
Mórphou
Másari
Argáki
Fylliá
Geról
Prastió
Kazíverá
Káto Zódeia
Kátokopia
Mámmari
Nikítas
Páno Zódela
Avlóna
Kokkinotrimithiá
Pentágeia
Astromeritis
Akáki
Sóloi
Gemikonagi
Xerós
Peristeronári
Eliá
Peristeróna
Akáki
Palaiométocho
Ampelikoú
Kaló Chorío
Angolémi
Meriko
Lefka
Pétra
Potámi
Oroúntan
Méniko
Káto Koutrafás
Páno Koutrafás
113
Sétrachos
Katydata
Ágios Epifánios
Linoú
9
Vizákia
Nikitári
Káto Moní
Ágioi Iliofotoi
Káto Flásou
Asinoú
5
Agía Marína
Agrokipiá
Evrychou
Ágios Theódoros
Ágios Geórgios
Mitseró
Arediou
Malounta
Korákou
Temvriá
Atsas
Xyliátos
Klirou
Kaliána
Sinaóros
Ágios Epifánios
Agios Irak
Oíkos
Galata
Adelfoi Forest
Kaló Chorío
Kalopanayiótis
Kakopetriá
Moutoullás
Venetian Bridge
Stavrós tou Agiasmáti
Peristerona
Maroullenas
Phikárdou
Pedhoulás
Saránti
Spília
Panagía tou Arákou
Prodromos
Troodos Forest
Chandriá
Alithinoú
Platanistása
Fterikoúdi
Gourri
Lazaniás
Moni Pan Macherás
Treís Eliés
Palaiomylos
Kyperoúnta
Polystypos
Aplikí
1951
Tróodos
Amiantos
Agrídia
Alona
Askás
116
Palaichóri
Agros
Káto Amiantos
Dymes
Potamítissa
Farmakás
Range

D
E
F
5
6
7
8
Glykiotissa Island
KYRÉNIA/GIRNE
Karákoumi
Vrysi
Troulloi
Ágios Amvrósios
Kalograiá
Kastolles
Témplos
Kazáfani
Ágios Epíktitos
Charkeia
Trypiméni
Bellapais/Beylerbeyi
Bellapais
Klepini
Trápeza
Ágios Charíton
Profítis Ilías
Buffavento Castle
Armenonomastiro
Kornókipos
Páno Díkomo
Sicharí
Vounó
Northern Cyprus
Knódara
Psylliátos
Káto Díkomon
Koutsovéntis
Kalyvakia
Kiados
Kythréa
Pétra tou Digeni
Vitsáda
Neo Chorio
Beikioï
Marathóvouno
Mandres
Trachoni
Vóni
Epichó
Kouroú Monastiri
Kioneli
Exo Metóchi
Mesaoria
Ortákioi
Trachonas
Mia Miliá
Palaikythron
Angastína
Mousoulita
Ágios Dométios
NICOSIA
Egkomi
Archbishop's Palace
Móra
Afánteia
Strongylós
Ercan Airport
Aglangiá
Askeia
Vatilí
Tymvou
Strovolos
Káto Lakataímeia
Lakataímeia Airfield
Latsiá
Agía
Ágios Spyridon
Lysi
Káto Deftera
Páno Lakataímeia
Géri
Margo
Arsos
Káto Defterá
Tseri
Ágios Sozómenos
Pyrógi
Melouseia
Tremetousiá
Athienou
Potamiá
Petrofan
Alykos
Petratis
Dáli
Troúlloi
Pyrgos Pylas
Margí
Nísou
350
Kotsiátis
Péra Chorío
Idálion
Louroukina
Analiónta
Lympía
Archangelos
Avdelleró
Agia Varvára
Voróklini
Alámpra
Gialias
Kelliá
Mathiátis
388
Kóchi
Aradippou
Livádia
Mosfiloti
Psevdás
Dekélaia
Agía Anna
Kaló Chorío
Moni Agias Theklas
Ágios Georgios
LÁRNACA
Kórnos
Pýrga
117
118
Tremithos
0
8 km
N
© MERIAN Kartographie
Skála
Delikipos

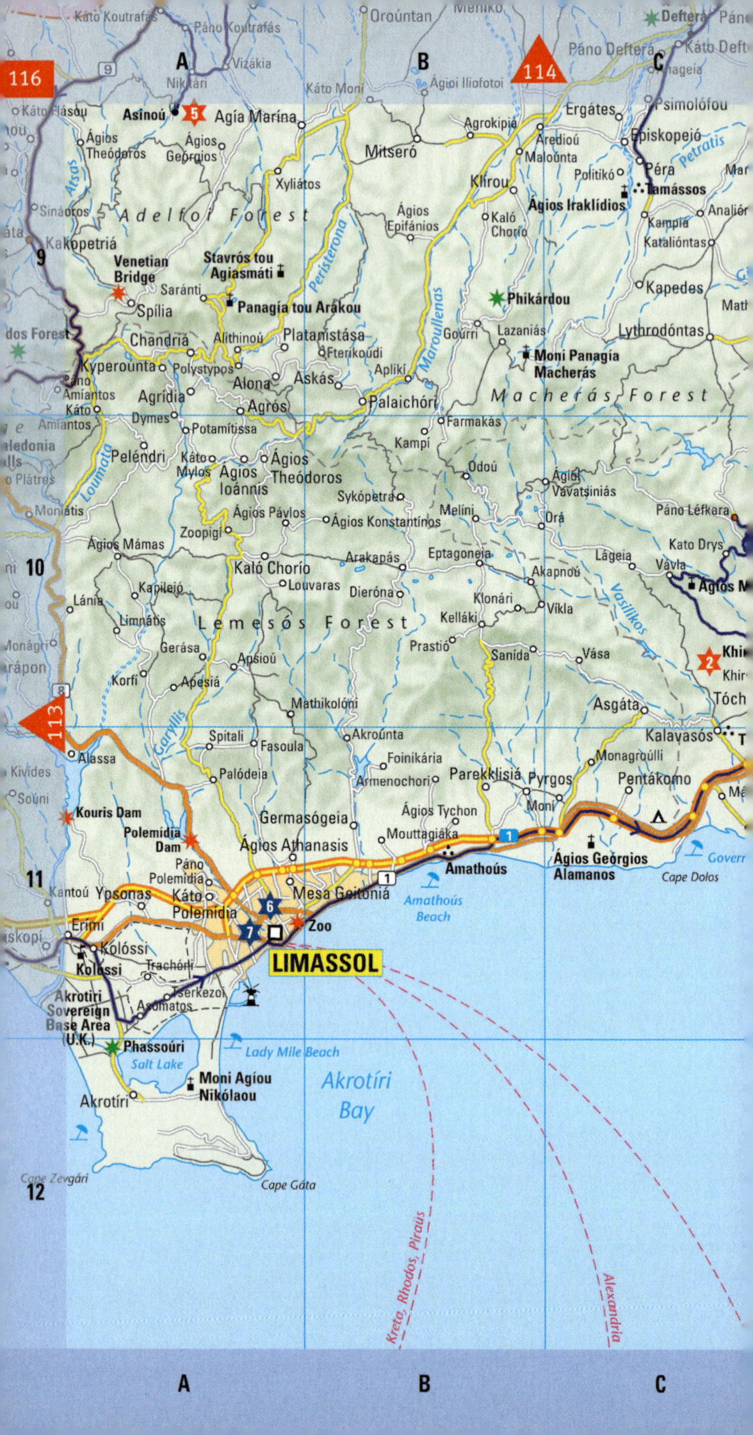
116
114
113
A
B
C
9
10
11
12
Asinoú
Agía Marína
Áqios Theódoros
Áqios Geórgios
Xyliátos
Mitseró
Agrokipiá
Ergátes
Psimolófou
Episkopeió
Arediou
Maloúnta
Klírou
Politikó
Péra
Tamássos
Áqios Iraklídios
Kampia
Analiónt
Kataliontas
Adelfoi Forest
Sinaoros
Kakopetriá
Venetian Bridge
Stavrós tou Agiasmáti
Panagía tou Arakou
Sarántí
Spília
Áqios Epifánios
Kaló Chorío
Phikárdou
Kapedes
Lythrodóntas
Lazaniás
Goúrri
Moni Panagía Macherás
Macherás Forest
Chandriá
Alithinoú
Platanistása
Fterikoúdi
Aplikí
Kyperoúnta
Polystypos
Alona
Askás
Palaichóri
Agrídia
Agrós
Dymes
Potamítissa
Farmakás
Kampí
Peristerona
Maroullenas
Petratis
Atsas
Loumata
Pelendri
Káto Mylos
Áqios Ioánnis
Áqios Theódoros
Odoú
Áqioi Vavatsiniás
Sykópetra
Melíni
Orá
Páno Léfkara
Kato Drys
Vávla
Láqeia
Áqios Pávlos
Áqios Konstantínos
Zoopigí
Áqios Mámas
Moniátis
Arakapás
Eptagoneia
Akapnoú
Kaló Chorío
Louvaras
Dieróna
Klonári
Víkla
Kapileió
Lánia
Limnátis
Lemesós Forest
Kelláki
Prastió
Saniía
Vása
Vasilikos
Gerása
Apsioú
Korfi
Apesiá
Mathikolóni
Asgáta
Kalavasós
Spitali
Fasoula
Akroúnta
Foinikária
Alassa
Palódeia
Armenochori
Parekklisiá
Pyrgos
Monagroúlli
Pentákomo
Moní
Kouris Dam
Polemídia Dam
Germasógeia
Áqios Tychon
Mouttagiaka
Áqios Athanasis
Amathoús
Áqios Geórgios Alamanos
Cape Dolos
Páno Polemídia
Káto Polemídia
Mesa Geitoniá
Amathoús Beach
Ypsonas
Kantoú
Erími
Zoo
Kolóssi
LIMASSOL
Trachóni
Tserkezoi
Asomatos
Akrotiri Sovereign Base Area (U.K.)
Phassoúri
Salt Lake
Lady Mile Beach
Moni Agíou Nikólaou
Akrotíri
Akrotíri Bay
Cape Zevgári
Cape Gáta
Kreta, Rhodos, Piräus
Alexandria
Kato Koutrafas
Páno Koutrafás
Vizákia
Nikitari
Oroúntan
Káto Moní
Áqioi Iliófotoi
Deftera
Páno Deftera
Káto Deftera
Anageia
Kivides
Soúni
Monágri
Páno Amíantos
Káto Amíantos

115
117
118
D
E
F
9
10
11
12
Géri
Margo
Ágios Sozómenos
Meloúseia
Athíenou
Tremetousiá
Arsos
Makrásyka
Potamiá
Petrofan
Troúlloi
Pyrgos Pylas
Pergamos
Xylotymvou
Pýla
Alykos
Dáli
Nísou
Péra Chorío
Idálion
Louroukina
350
Avdelleró
Lympía
Archangelos
Vorόklini
Alámpra
Kelliá
388
Kóchi
Aradippou
Livádia
Dekélaia Beach
Mosfiloti
Psevdás
Siá
Agía Anna
Kaló Chorío
Ágios Georgios
LÁRNACA
Lárnaca Bay
Moni Agías Theklas
Pýrga
Kórnos
Tremithos
Skála
Delikipos
Klavdia
Hala Súltan Tekké
Salt Lake
Makenzi Beach
Stavrovoúni
Potziís
Dromolaxiá
Alethriko
Tersephánou
Meneou
Lárnaca International Airport
Panagia Angeloktistos
Kíti
Anglisídes
Menógeia
Kivisili
Kofínou
Anafotída
Aplánta
Softádes
Kíti Tower
Perivólia
Kíti Beach
Cape Kíti
Alaminós
Alaminós Tower
Ágios Theódoros
Mazotós
Pentaschoinos
Petounta Point
Maroni
Mittelmeer
0
8 km
N
© MERIAN-Kartographie

A
B
C
13
14
15
16
KYRÉNIA/GIRNE
Karákoumi
Kazáfani
Vrysi
Troulloi
Ágios Amvrósios
Kalograia
Meloúnta
Kapsalos
Afrodision
Ágios Epíktitos
Bellapais/Beylerbeyi
Bellapais
Klepini
Trápeza
Charkeia
Trypiméni
Artemi
Ágios Chárίton
Armenomonastiro
Buffavento Castle
Sicharí
Vounó
Kornókipos
Goufes
Northern Cyprus
Káto Dikomon
Koutsovéntis
Kalyvakia
Kiados
Knódara
Psyllátos
Kythréa
Pétra toú Digeni
Beikioï
Vitsáda
Neo Chorio
Mandres
Tracháni
Vóni
Epichó
Kouroú Monastíri
Marathóvounos
Genagra
Periste
Exo Metóchi
Mesaoría
Trachonas
Ortáki
Miá Miliá
Palaikythron
Angastína
Mousoulita
NICOSIA
Móra
Strongylós
Archbishop's Palace
Afánteia
Askeia
Sinta
Aglangiá
Ercan Airport
Vatilí
Strovolos
Tymvou
Káto Lakataímeia
Lakataímeia Airfield
Latsia
Agía
Ágios Spyridon
Lysi
Páno Lakataímeia
Géri
Arsos
Margo
Melоúseia
Tremetousiá
Deftera
Tseri
Ágios Sozómenos
Pyrógi
Athienou
Potamia
Petrofan
Alykos
Troúlloi
Pyrgos Pylas
Pergam
Xylotymvou
Dáli
Nísou
Idálion
Louroukina
350
Pýla
Margi
Kotsiátis
Péra Chorío
Lympía
Archangelos
Avdelleró
Vorókliní
Agia Varvára
Alámpra
Gialias
Kelliá
388
Kóchi
Aradippou
Livádia
Dekélaia Beach
Mathiatis
Mosfiloti
Psevdás
Siá
Agía Anna
Moni Agías Theklas
Kaló Chorío
Ágios Georgios
LÁRNACA
Pýrga
Tremithos
Kórnos
Skála
Delíkipos
Salt Lake
Klavdia
Hala Sultan Tekké
Makenzi Beach
Stavrovoúni
Potamos
Dromolaxia
117
115
Káto Léfkara
Alethrikó
Tersephánou
Meneou
Lárnaca International Airport

D
E
F
120
119
121
13
14
15
16
Koilánemos
Vothylakas
Platanissos
Leonárisso
Vasili
Eptakómi
Kóma toú Gialoú
Galáteia
Davlós
Lithosourka
Kómi
Panagía tis Kyras
Flamoúdi
Kantara
Kantára
Krídeia
Ágios Efstáthios
Livádia
Tavrou
Vokolida/Bafra
Kantara Forest
Ovgoros
Patriki
Ágios Theódoros
Panagía tou Tochniou
Árdana
Geráni
Avgolída
Gastriá
Ágios Andrónikos
Ágios Ilias
Knidos
Cape Elaia
Monarga
Bogázi
Tríkomo
Perivolia
Sygkrási
Lápathos
Gypsou
Ágios Geórgios
Miliá
Spatharikó
Arnadi
Santalaris
Alóda
Limniá
Ágios Sérgios
Apostolos Varnávas
Sálamis
Stylloi
Enkomi
Gaidourás
Pediaios
Enkomi
Famagusta Bay
Yialias
FAMAGUSTA/GAZIMAĞUSA
10
Acherítou
Kalopsida
Vrysoules
Deryneia
Agía Marina
Frénaros
Avgorou
Sotira
Paralímni
Fig Tree Bay
Sovereign Base Area
Ágios Andreas
Liopétri
Protarás
Lefkolla
Protarás Beach
Ormídeia
Agia Napa
1
Xylofagou
Agioi Anargyroi
Potamos
Golden Sands
Nissi Beach
Pemera Beach
Temple of Afrodite
Cape Greco
Pyrgos Xylofagou
Cape Pyla
0
8 km
N
© MERIAN-Kartographie

A
B
C
17
18
19
20
Mittelmeer
Cape Plakoti
Yialousa
Melánarga
Ágios Andrónikos
Koilánemos
Vothylakas
Platanissos
Lythra
Leonárisso
Vasili
Eptakómi
Kóma toú Gialoú
Galáteia
Davlós
Lithosourka
Kómi
Panagía tis Kyras
Flamoúdi
Kantara
Krídeia
Ágios Efstáthios
Livádia
Tavrou
Kantára
118
Vokolida/Bafra
Kantara Forest
Ovgoros
Patriki
Ágios Theodoros
Gerani
Avgolída
Panagía tou Tochniou
Árdana
Mandres
Gastriá
Ágios Andrónikos
Ágios Ilias
Knidos
Cape Elaia
Ágios Iakovos
Monarga
Bogázi
Tríkomo
Perivólia
Sygkrási
Lápathos
Gypsou
Ágios Geórgios
Miliá
Spatharikó
Arnadi
Pigi
Santalaris
Alóda
Marátha
119

D
E
F
17
18
19
20
Cape Apóstolos Andréas
Kástros
10
Apóstolos Andréas
Excarchos Bay
Glaros Island
Panagía Aféndrika
Pachyammos Point
Nagkomi Bay
Kiles Point
Ágios Filon
Karpassía/Karpaz
Rona Bay
Rizokárpaso
Chelónes
Karpasia Forest
Ágios Geórgios
Ágios Thyrsos
Agías Triás
ssía/Karpaz
Galinóporni
Limanouri Bay
Koróveia
gios Symeón
Nitóvikla
ta
Mittelmeer
D
E
0
8 km

Hier finden Sie alphabetisch aufgeführt alle in diesem Band beschriebenen Orte und Ziele, Routen und Touren. Bei einzelnen Sehenswürdigkeiten steht jeweils der dazugehörige Ort in Klammern, bei Hotels steht zusätzlich die Abkürzung H für Hotel. Außerdem enthält das Register wichtige Stichworte sowie alle MERIAN-Tipps und MERIAN-TopTen dieses Reiseführers. Wird ein Begriff mehrfach aufgeführt, verweist die **fett gedruckte** Zahl auf die Hauptnennung im Band, eine *kursive Zahl* verweist auf ein Foto.

Liebe Leserinnen und Leser,
wir freuen uns, Ihre Meinung zu diesem Reiseführer zu erfahren. Bitte schreiben Sie uns, wenn Sie Berichtigungen und Ergänzungsvorschläge haben oder wenn Ihnen etwas besonders gut gefällt:

TRAVEL HOUSE MEDIA GmbH, Postfach 86 03 66, 81630 München
E-Mail: merian-live@travel-house-media.de Internet: www.merian.de

Der Autor
Diesen Reiseführer schrieb **Klaus Bötig**, Jahrgang 1948. Er hat sich als Reisejournalist seit über 30 Jahren auf Griechenland und Zypern spezialisiert. Dort ist er jährlich etwa sechs Monate unterwegs und hat allein über Zypern schon sieben Bücher geschrieben. Sein deutscher Wohnsitz ist Bremen.

Bei Interesse an Karten aus MERIAN-Reiseführern wenden Sie sich bitte an:
iPUBLISH GmbH, geomatics
E-Mail: geomatics@ipublish.de

Bei Interesse an Anzeigenschaltung wenden Sie sich bitte an:
KV Kommunalverlag GmbH & Co KG
MediaCenterMünchen
Tel. 0 89 – 92 80 96 – 44
E-Mail: kramer@kommunal-verlag.de

Fotos
Titelbild: Hotel Anassa bei Pólis (laif/Heuer);
K. Bötig 57; C. Drazos 40; Huber/R. Schmid 17; laif/H. B. Huber 26; laif/IML 24; laif/A. Krause 54, 75, 81, 83, 84; laif/C. Püschner 4/5, 18, 30, 34, 36, 37, 43, 48, 50, 56, 59, 67, 76, 77; laif/P. Trummer 10/11, 28/29; laif/F. Zanettini 25; Leonardo 12; look/J. Greune 72; look/K. Kreder 7, 9, 16, 18, 22, 60, 78, 96/97; M. Thomas 14, 39, 52, 65, 68, 88/89, 91, 94; Waldhäusl/Arco Digital Images/Zueger E. 70

Alle Angaben in diesem Reiseführer sind gewissenhaft geprüft. Preise, Öffnungszeiten usw. können sich aber schnell ändern. Für eventuelle Fehler übernimmt der Verlag keine Haftung.

Programmleitung
Dr. Stefan Rieß
Redaktion
Susanne Kronester
Lektorat
Rosemarie Elsner, Silvia Engel
Gestaltung
wieschendorf.design, Berlin
MERIAN-Quiz
Verónica Reisenegger (Konzept und Idee)
Karten
MERIAN-Kartographie
Satz/technische Produktion
h3a GmbH, München
Druck
Appl, Wemding
Bindung
Auer, Donauwörth
Gedruckt auf
Eurobulk Papier von der Papier Union

1. Auflage

TRAVEL HOUSE MEDIA

Ein Unternehmen der
GANSKE VERLAGSGRUPPE

Zypern

MERIAN-Tipps

Tipps und Empfehlungen für Kenner und Individualisten

1 **Hotel Anassa bei Pólis**
Das moderne Luxushotel, im Stil eines griechischen Dorfes erbaut, liegt an der lieblichen Nordküste Zyperns (→ S. 13).

2 **Tama Antics in Nicosia**
Geórgios Ioánnou und Tásos Charálambous präsentieren Trödel und Antiquitäten, in Zypern hergestellt oder vor langer Zeit importiert (→ S. 19).

3 **Hotel Riviera bei Kyrénia/Girne**
Familiäres Kinderparadies mit Privatstrand, Garten und Kitchenette (→ S. 27).

4 **Faros Village Beach in Perivólia**
Herrlich auf einem Felsplateau über einem Sandstrand gelegenes Hotel (→ S. 31).

5 **Art Café 1900 in Lárnaca**
Das gepflegte Lokal wird von Galeristen betrieben (→ S. 35).

6 **Museum des Mittelalters in Limassol**
Das Museum in der Burg von Limassol ist absolut sehenswert (→ S. 42).

7 **Carob Mill in Limassol**
Eine restaurierte Johannisbrotmühle in Limassol wurde zu einem modernen Kultur- und Restaurantzentrum ausgebaut (→ S. 44).

8 **Sedir Café in Nord-Nicosia**
Hausgemachte türkisch-zyprische Spezialitäten, serviert in einer alten Karawanserei (→ S. 55).

9 **Omeriye Bath**
Wellness pur in einem jüngst restaurierten türkischen Hamam aus dem 16. Jh. (→ S. 56).

10 **Sapho Manor House in Droúseia**
Landestypisch wohnen in einem alten Dorfhaus mit Swimmingpool (→ S. 92).

← MERIAN-TopTen finden Sie auf Seite 1